中国文化遗产保护发展体系概论

李颖科　董文强　
程　圩　佘河郾　著

西北工业大学出版社

西安

【内容简介】 本书立足中国文化遗产特性，紧扣中国传统文化的审美崇尚和价值取向，结合我国文化遗产保护发展历程与实际状况，从理论依据、事实依据、研究方法、主要内容和价值系统、路径选择等方面，比较全面、系统地论述了构建中国特色文化遗产保护发展体系的基本理念、总体框架与核心内容。

本书适用于文化遗产保护领域的本科生、研究生及研究者使用。

图书在版编目（CIP）数据

中国文化遗产保护发展体系概论 / 李颖科等著. —西安：西北工业大学出版社，2021.2
ISBN 978-7-5612-7594-8

Ⅰ.①中… Ⅱ.①李… Ⅲ.①文化遗产–保护–概论–中国 Ⅳ.①K203

中国版本图书馆CIP数据核字（2021）第022017号

ZHONGGUO WENHUA YICHAN BAOHU FAZHAN TIXI GAILUN
中国文化遗产保护发展体系概论

责任编辑：杨　睿	策划编辑：杨　睿
责任校对：万灵芝	装帧设计：李　飞

出版发行：西北工业大学出版社
通信地址：西安市友谊西路127号　　邮　编：710072
电　　话：（029）88491757，88493844
网　　址：www.nwpup.com
印 刷 者：西安浩轩印务有限公司
开　　本：787 mm×1 092 mm　　1/16
印　　张：10.625
字　　数：208千字
版　　次：2021年2月第1版　　2021年2月第1次印刷
定　　价：46.00元

如有印装问题请与出版社联系调换

前　言

中国作为一个享誉世界的文明古国，拥有独特而丰厚的历史文化遗产。如何对中国文化遗产进行保护、传承和发展，是一项重要的时代课题，同时也是做好人类文化遗产保护发展工作的重要组成部分。长期以来，中国文化遗产保护发展受西方文化遗产保护理念的影响，至少到目前为止，我们尚未完全形成符合自身文化遗产特性、文化发展规律和遵从中国传统审美崇尚、价值取向的保护发展理念与原则，并在此理念、原则的基础上构建起富有中国特色的文化遗产保护发展体系。在相当大的程度上，人们总是用西方的理论、学术观点、原理、概念、标准来对待中国文化遗产保护与发展，使得文化遗产保护与实际要求产生出入，其结果既使大量理应得到有效保护的文化遗产未能得到很好保护，又使一些不应损毁的文化遗产遭到破坏甚至消亡，尤其使文化遗产保护与文化建设在内容、质量、特色方面严重脱节，文化遗产的文化、经济和社会价值亦未能得到很好彰显。

事实证明，文化遗产保护发展成效在很大程度上取决于既科学、合理，又切合实际的保护发展理念、原则、体系的确立与实施。因此，近年来，我们一直致力于探索构建富有中国特色的文化遗产保护发展理念、原则与体系。

（1）笔者及所在研究团队在深入理解中西方文化遗产保护理念差异及深层原因的基础上，立足于中国文化遗产特性和传统审美崇尚与价值取向，遵从文化发展的客观规律和文化遗产的时代价值属性，按照新时代中国特色社会主义文化建设的实际需要，运用创新发展思维考量文化遗产保护发展，提出新时代中国文化遗产保护发展应坚持保护与传承为主，发展与创新为要；保护与发展并重，传承与创新并举的理念。

（2）按照这一理念，笔者及所在研究团队紧扣文化遗产的内涵、价值与特征，提出新时代中国文化遗产保护发展应坚持真实保护、有效保护、全面保护的保护原则；坚持传承遗产智慧、传承遗产精神、传承遗产力量的传承原则；坚持促进遗产发展、促进文化发展、促进经济发展的发展原则；坚持创新遗产表现形式、创新遗产内容构成以及创新遗产价值追求的创新原则，走出一条富有中国特色的新时代中国文化遗产保护发展新路子。

（3）在确立上述理念、原则的基础上，从理论基础、研究方法、保护内容和价值系统等方面构建起新时代中国特色文化遗产保护发展体系。写作本书参阅了相关文献、资料，在此，谨向其作者深致谢忱。

另外，在编写体例上，我们通过"人物档案"、"事件回放"、"典制溯源"、"名物疏解"等形式，对论述中涉及到的历史人物、历史事件、典章制度、名词事物进行知识链接，以便于读者阅读和理解。

本书各章节执笔人及分工如下：李颖科（第二、三、七、八章），董文强（第四章第二节、第六章），程圩（第四章第一节、第五章），余河鄢（第一章、全书知识链接）。各章节初稿完成后，由我本人负责统稿和定稿。

今天，呈现在读者面前的《中国文化遗产保护发展体系概论》，是我们近年的研究所得。兹不揣浅陋，公之于众，敬请专家学者及文化遗产爱好者诘驳指正。

李颖科

2020年9月

目 录

第一章　文化遗产概论

第一节　文化遗产概念的历史演变 …………………………………… 001
第二节　文化遗产保护历程 …………………………………………… 007
第三节　文化遗产分类与分级 ………………………………………… 023
第四节　文化遗产价值认知 …………………………………………… 025
课后思考题 ……………………………………………………………… 026

第二章　中西方文化遗产保护理念差异

第一节　价值差异 ……………………………………………………… 027
第二节　认知差异 ……………………………………………………… 035
课后思考题 ……………………………………………………………… 049

第三章　构建中国文化遗产保护发展体系的必要性和重要性

第一节　中国文化遗产保护发展存在的主要问题 …………………… 050
第二节　构建中国特色文化遗产保护发展体系 ……………………… 057
课后思考题 ……………………………………………………………… 058

第四章　构建中国文化遗产保护发展体系的依据

第一节　理论依据 ……………………………………………………… 059
第二节　事实依据 ……………………………………………………… 062
课后思考题 ……………………………………………………………… 070

第五章　构建中国文化遗产保护发展体系的研究方法

第一节　对比分析法 ········· 071
第二节　田野工作法 ········· 076
第三节　个案研究法 ········· 081
第四节　文本分析法 ········· 085
第五节　主客位方法 ········· 089
课后思考题 ········· 092

第六章　构建中国文化遗产保护发展体系的理论基础与研究内容

第一节　理论基础 ········· 093
第二节　研究内容 ········· 096
课后思考题 ········· 097

第七章　中国文化遗产保护发展体系的内容构成

第一节　保护发展理念 ········· 098
第二节　保护发展原则 ········· 100
第三节　保护发展的主要内容 ········· 112
第四节　保护发展价值系统 ········· 117
课后思考题 ········· 121

第八章　新时代中国文化遗产保护发展路径选择

第一节　总体定位 ········· 122
第二节　发展路径 ········· 127
第三节　实现目标 ········· 131
课后思考题 ········· 135

附录：中国文化遗产保护重要文件与准则 ········· 136
　　西安宣言 ········· 136
　　北京文件 ········· 140
　　中国文物古迹保护准则（2015） ········· 146
　　大遗址利用导则（试行） ········· 153

参考文献 ········· 158

第一章 文化遗产概论

第一节 文化遗产概念的历史演变

一、古物（古器物、古代遗物）

"文物"一词在我国历史悠久。最初的"文"和"物"并不连在一起使用，而是分别有不同的指代。"文"是象形字，指纹饰、纹理、文字、文章、美德、文教、规定、仪式等。"物"是形声字，本意指万物，又指物品、事物、物色、景色、事物常理、内在规律、外貌形象等。文物作为一个完整的词汇，最早见于战国时期成书的《左传》。《左传·桓公二年》就有"夫德，俭而有度，登降有数，文物以纪之，声明以发之"的记载。此处的"文"，指纹饰，"物"指物品，"文物"二字指的是礼乐典章制度。唐代以前，"文物"主要指的是礼乐典章制度，后来逐步引申为前代的遗物。由此可见，"文物"一词的含义已接近于现代所认识文物的概念。

【典制溯源】中国早期"文物"概念的演变

在历史文献中，"文物"一词最早见于战国时期成书的《左传》。《左传·桓公二年》曾有记载："夫德，俭而有度，登降有数，文物以纪之，声明以发之"。此处的"文"是指礼仪制度规定的各种纹饰图案，"物"则是礼仪活动中使用的各种器具。此后，多以"文物"指代礼乐典章制度或与典章制度相关的礼器、乐器，并进一步引申为前代的遗物。例如，《后汉书·南匈奴传》中记载"制衣裳，备文物"，唐代刘禹锡《为裴相公进东封图状》一文中的"开元十三年，玄宗皇帝以天下太平，登封东岳，声明文物，振耀古今"，宋代邵雍《五帝》诗中的"五帝之时似日中，声明文物正融融"等，其中的"文物"都是指礼乐典章制度。而唐代骆宾王《夕次旧吴》诗中的"文物俄迁谢，英灵有盛衰"，杜牧《题开元寺》诗中的"六朝文物草连空，天淡云闲古今同"，以及唐代韩愈《题子美坟》诗中的"有唐文物胜复全，名书史册俱才贤"等，这里的"文物"指有历史、艺术价值的前代遗物。

二、骨董（古董、古玩）

从宋代开始，习惯将前朝器物统称为"古器物"或"古物"。宋代以降，又产生了"古器物""骨董"等称呼，且"骨董"一词在民间流传甚广。比如，《水浒传》中描写北京大名府在元宵节时，家家都会搭建彩棚，并以"名人书画""奇异骨董玩器之物"做装饰。《梦梁录》曾记载，时人将买卖金、银、琉璃、玻璃、珊瑚、玛瑙等宝物的店铺称为"骨董行"。明代收藏家董其昌在《骨董十三说》中也提出，不便分类的杂古器物，统称为"骨董"。到了清朝、民国时期，民间则多用"古董""古玩"称之。清末收藏家赵汝珍在《古玩指南》中说，"明时，诸家记载尚称骨董或古董，古玩，乃清季通行之词"，并进一步解释说，"古玩，即古代文玩之简称""古玩者，古人遗留器物可为文人之珍玩者""凡古代遗存之宝贵珍奇均属之"。由此可见，除了"文物"一词，在不同历史时期，还有"古物""古（骨）董""古玩"等多种称谓，均可用于指代前朝的历史遗物。

三、文物

随着中华文明的发展与时代的变迁，"文物"一词的称谓及其所涵盖的内容也经历了不断的演变。现代"文物"的准确概念的产生是近代科学兴起与发展的结果。近代以来，西方史学界形成考古学，他们通过科学发掘和断代的办法获取古代遗存，并将这些古代遗存变成科学地复原人类历史和文化的工具，而这些古代遗存也就赋予了"文物"一词全新的内涵和意义。在20世纪初，我国通过对古代遗存发掘和研究而重建古代历史的现代考古学出现，由此使"文物"被赋予了现代意义。与此同时，博物馆作为一种新事物，在19世纪中叶被介绍到中国，并逐步被社会认同。康有为、梁启超等学者大力倡导在国内创办博物馆，以发挥其"佐读书之不逮"的教育功能。综上，随着西方考古学和博物馆理念等的传入，人们对古代遗存的认识更多地从"物质"转到"文化"，并一直影响中国文化遗产保护理念与实践的发展演变。

【典制溯源】近代"文物"概念的拓展

1916年北洋政府颁布了《保存古物暂行办法》，其列举了历代帝王陵寝、先贤坟墓，古代城郭关塞、壁垒岩洞、楼观祠宇、台榭亭塔、堤堰桥梁、湖池井泉，历代碑版造像、画壁摩崖，故国乔木、风景，金石竹木、陶瓷锦绣、各种器物及旧刻书帖、名人书画等五大类。

1928年民国政府颁布了《名胜古迹古物保存条例》，其中"名胜古迹"包括湖山、建筑、遗迹三类，"古物"包括碑碣、金石、陶器、植物、文玩、武器、服饰、雕刻、礼器和杂物等十类。此外，《名胜古迹古物保存条例》还对各类名胜古迹古物的保护管理进行了规定。

1935年民国政府颁布了《暂定古物的范围及种类大纲》，将古生物、史前遗物、建筑物、绘画、雕塑、铭刻、图书、货币、舆服、兵器、器具和杂物等十二大类纳入文物范畴。同年，由北平市政府秘书处编辑的《旧都文物略》出版，其分为城垣略、宫殿略、坛庙略、园囿略、坊巷略、陵墓略、名迹略、河渠关隘略、金石略、技艺略以及杂事略等十一大类，收录内容十分丰富，不仅包括现代意义上的不可移动文物、历史文化名城，还包括雕刻艺术、礼俗习尚、生活状况、杂剧评话、市井琐闻等非物质文化遗产。

1945年，民国政府教育部成立了"清理战时文物损失委员会"，并制定了《教育部清理战时文物损失委员会组织规程》，其中明确了调查及保护"文物"的范围包含文化建筑、美术、古迹、古物。从最后的统计分类看，"文化建筑"包括古代建筑、历史纪念建筑、石窟寺，"古迹"主要是指历史古迹，"美术"主要是指书画，"古物"主要是指古器物，此外，《教育部清理战时文物损失委员会组织规程》还单列了碑帖、书籍、杂件等类。

由此可见，在各时期政府的保护实践中，关于"文物"的认知逐步深化，"文物"的概念及其外延不断拓展，基本涵盖可移动与不可移动的前代遗物，已接近于现代意义上的"文物"概念。

新中国成立后，"文物"一词作为我国文化遗产的总称，并通过立法的形式进一步得到确立。1950年，中央人民政府政务院令颁发的新中国第一部保护文物法令《禁止珍贵文物图书出口暂行办法》，即明确规定在法规和政策层面采用"文物"概念。

《中国大百科全书》的《文物·博物馆》卷中关于文物内涵的叙述，指出文物是"人类社会历史发展进程中遗留下来的，由人类创造的或者与人类活动有关的一切有价值的物质遗存的总称"。其基本特征是：①必须是由人类创造的，或者是与人类活动有关的；②必须是已经成为历史的过去，不可能再重新创造的。《现代汉语词典》的解释更为简洁且大众化，将"文物"定义为"文物是历代遗留下来的在文化发展史上有价值的东西，如建筑、碑刻、工具、武器、生活器皿和各种工艺品等"。

我国政策语境中"文物"一词的内涵，是经历了多年的文物保护工作和文物保护立法后才逐渐明晰和规范的。1982年《中华人民共和国文物保护法》颁布实施，使"文物"一词及其内涵正式从法律层面得以明确，并在之后的历次修订中得以延续。"文物"的范围实际上包括了可移动和不可移动的一切历史文化遗存，在年代上已不仅限于古代，还包含近、现代，直到当代。根据《中华人民共和国文物保护法》规定，"文物"的外延具有以下五个层面的含义：①具有历史、艺术、科学价值的古文化遗址、古墓葬、古建筑、石窟寺和石刻、壁画；②与重大历史事件、革命运动或者著名人物有关的以及具有重要纪念意义、教育意义或者史料价值的近代现代重要史迹、实物、代表性建筑；③历史上各时代珍贵的艺术品、工艺美术品；④历史上各时代重要的文献资料以及具有历史、艺术、科学价值的手稿和图书资料等；⑤反映历史上各时代、各民族社会制度、社会生产、社会生活的代表性实物。……具有科学价值的古脊椎动物化石和古人类化石同文物一样受国家保护。

四、文化遗产

长期以来，我国将历史上遗留下来的物质文化遗存统称为"文物"，并在此概念基础上初步建立起具有中国特色的文物保护管理体系。随着中国加入《保护世界文化和自然遗产公约》，在日益频繁的国际交流中，传统的"文物保护"亟待与"文化遗产保护"相接轨。2005年，国务院出台了《关于加强文化遗产保护的通知》和《关于加强我国非物质文化遗产保护工作的意见》，首次在国家级公文中确定了具有中国特色的"文化遗产"概念，这在国家战略层面加快了我国从"文物保护"走向"文化遗产保护"的历史进程。根据《关于加强文化遗产保护的通知》规定，"文化遗产"的内涵与外延如下：

文化遗产包括物质文化遗产和非物质文化遗产（见图1-1）。

物质文化遗产是具有历史、艺术和科学价值的文物，包括古遗址、古墓葬、古建筑、石窟寺、石刻、壁画、近代现代重要史迹及代表性建筑等不可移动文物，历史上各时代的重要实物、艺术品、文献、手稿、图书资料等可移动文物，以及在建筑式样、分布均匀或与环境景色结合方面具有突出普遍价值的历史文化名城（街区、村镇）。

非物质文化遗产是指各种以非物质形态存在的与群众生活密切相关、世代相承的传统文化表现形式，包括口头传统、传统表演艺术、民俗活动和礼仪与节庆、有关自然界和宇宙的民间传统知识和实践、传统手工艺技能等以及与上述传统文化表现形式相关的文化空间。

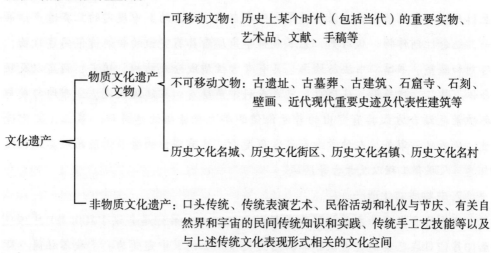

图1-1　我国文化遗产的内涵与外延

对比国际通行的"文化遗产"概念，可以看出，中国的"文化遗产"概念是在综合了《保护世界文化和自然遗产公约》和《保护非物质文化遗产公约》两个国际公约的基础上，依据《中华人民共和国文物保护法》并结合中国文化遗产保护现状做出的更符合中国语境与实情的概念界定。总体来说，中国的"文化遗产"概念在内涵和外延上较国际通行的"文化遗产"概念更加宽泛（见图1-2）。

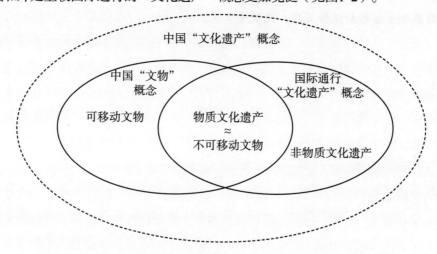

图1-2　中国"文化遗产"与国际通行"文化遗产"概念的区别与联系

【名物疏解】国际通行"文化遗产"概念

1. 物质文化遗产

物质文化遗产主要指联合国教科文组织大会第17届会议于1972年10月17日至11月21日在巴黎通过《保护世界文化和自然遗产公约》中规定的三类遗产：第一，纪念性创作物。从历史、艺术或科学角度看具有突出的普遍价值的建筑物、碑刻和雕塑、书籍、书法与绘画、具有考古性质成分或结构、铭文、洞窟以及联合体。第二，建筑群。从历史、艺术或科学角度看，在建筑式样、分布均匀或与环境景色结合方面具有突出的普遍价值的单立或连接的建筑群。第三，文化遗址。从历史、审美、人种学或人类学角度看，具有突出的普遍价值的人类工程或自然与人联合工程以及考古等区域。

2. 非物质文化遗产

非物质文化遗产主要指联合国教科文组织大会第32届会议于2003年9月29日至10月17日在巴黎通过《保护非物质文化遗产公约》中定义为："被各社区、群体，有时是个人，视为其文化遗产组成部分的各种社会实践、观念表述、表现形式、知识、技能以及相关的工具、实物、手工艺品和文化场所。这种非物质文化遗产世代相传，在各社区和群体适应周围环境以及与自然和历史的互动中，被不断地再创造，并为这些社区和群体提供认同感和持续感，从而增强对文化多样性和人类创造力的尊重。"非物质文化遗产的外延包括：口头传统和表现形式，包括作为非物质文化遗产媒介的语言；表演艺术；社会实践、仪式、节庆活动；有关自然界和宇宙的知识和实践；传统手工艺。

第二节 文化遗产保护历程

一、早期文物保护意识萌芽

我国文化遗产保护传统历史悠久，早在商周时期就有保护文化遗物的理念意识和行为习惯。正如商周青铜器上常见铭文"子子孙孙永保用"所表达的理念一样，对前朝的珍贵器物，人们已经有妥善保存、永续利用的愿望。商周时期，保存着为数不少的青铜器、玉器，以及前朝其他的遗物，并将其视为显示政权合法性的神圣之物。秦朝时，秦始皇打捞沉入泗水的"九鼎"，也是出于这种政治象征意义的考量。汉代皇室收藏亦十分丰富，"创置秘阁，以聚图书"，其中既有典籍，亦有绘画。唐代文化鼎盛，文人雅士热衷于收藏和鉴赏前朝器物。此外，我国古代社会对出土的文字、典籍等文物也非常重视。例如，汉代在孔子旧宅壁中发现的古文经书和晋代发现的汲冢竹书，因记载着古代的"经""史"而大受重视。东汉著名经学家许慎，也整理收录过不少青铜器文物上记录的"前代之古文"，从而编撰了中国第一部字典《说文解字》。陕西凤翔的秦石鼓在唐代被发现后，就有人根据拓片进行研究。韩愈在《石鼓歌》中所说"张生手持石鼓文"，指的就是石鼓的拓片。到了北宋时期，青铜器与石刻研究盛行，许多学者以青铜器和石刻为主要对象，进行比较系统的分类、著录并加以考证和研究，形成盛极一时的金石学。至南宋，金石学在我国成为专门之学，这为研究五代之前，尤其是商周—秦汉史提供了宝贵的资料。

对于地下文物的保护与管理，我国历朝历代统治者都通过律令对其所有权进行规定，很早就明确了"地下文物概归国有"的观念。据《淮南子》记载，汉代就有"发冢者诛"的规定。《唐律》中规定，地下若得"古器形制异者，悉送官酬直"，不送官者坐赃论减三等。《大明律》也规定了"若于官私地内掘得埋藏之物者，并听收用；若有古器、钟鼎、符印异常之物，限三十日送官，违者杖八十，其物入官"。清初曾命令保护南京明孝陵和北京明十三陵。全国各地现存的古代桥梁、寺庙等，绝大部分均在清朝进行过修葺。清代著名学者毕沅任陕西巡抚时，曾踏勘调查名胜古迹，保护帝王陵墓，整修西安碑林，编纂文物志书，对陕西文物古迹保护做出重大贡献，就是典型的事例。

【人物档案】毕沅对陕西文物古迹的保护管理

毕沅（1730—1799年），是清代乾隆时期的一位著名学者和官员，曾任陕西巡抚十余年。在任陕西巡抚期间，毕沅踏勘调查名胜古迹，保护帝王陵墓，整修西安碑林，并编纂文物志书，为陕西文物古迹保护做出了巨大贡献。

（1）踏勘调查名胜古迹。毕沅在政务之余，实地踏勘名胜古迹，其足迹遍"潼关以西，玉门以东"，对当时陕西的西安、同州、凤翔、汉中、延安、榆林、商州、乾州、彬州、兴安、耀州、绥德等12个直隶州府共77县的地理沿革、名山大川、文物古迹进行全面考察、研究和整理，发现并登记立档宫阙殿堂遗墟136处，宅第苑囿150处，祠宇寺观190座，帝王陵寝53座，有名墓冢120余座。

（2）保护帝王陵墓。毕沅抚陕期间，对陕西古陵园进行勘察后认为，其遭受破坏的原因"大抵为陵户侵渔所致"。因此，毕沅规定"令各守土者，即其邱陇茔兆，料量四至，先定封域，安立界石，并筑券墙，墙外各拓余地，守陵人照户给单，资其口食，春秋享祀，互相稽考"，对帝王陵墓划出保护范围，立定碑石，并设专人管理。陕西现存的帝王陵墓前，几乎都有毕沅所立的标志碑石。

（3）整修西安碑林。西安碑林是我国书法艺术的宝库，其历史最早可追溯到唐末五代时期。西安碑林当时是为保存唐刻儒学经典《石台孝经》和《开成石经》而建，被誉为"关中金石之府""书法故乡"。宋代以后，历经元、明、清三代，西安碑林规模不断扩大，但却疏于管理，碑石损坏严重。毕沅亲自主持了对碑林的整理维修，收集清理碑石，重新编排陈列，并辟专屋收藏明清碑石。同时，毕沅下令在碑林设立专门机构，由巡抚直接管理，建立相应的管理机构和保护制度。

（4）编纂文物古迹志书。在实地踏勘和调查研究的基础上，毕沅编著了《关中胜迹图志》（三十卷），共70万字，绘图62幅，其对重要文物古迹进行考证研究，校注其人物、方位、范围、变迁和古迹维修保护情况，这是陕西历史上第一部比较系统、完整记述古迹及其保护情况的志书。同时，在清理整修碑林和对陕西碑石进行调查的基础上，毕沅还编撰了《关中金石记》一书，按照朝代顺序，他收集、汇编了自秦汉至金元时期共797通碑志石刻，并考证其时间、地点、撰书人、文字、内容、字数及保存情况，此书至今仍是整理、保护、研究历代碑石的重要参考资料。

此外，毕沅在抚陕期间，还先后主持了对西安灞桥、华阴西岳庙、凤翔东湖、韩城司马迁墓、西安城墙和慈恩寺、临潼华清池等多处名胜古迹的修缮保护工程，这些举措直接或间接地推动了陕西文物古迹的管理和保护，并为后世历史和考古研究提供了重要的参考依据。

二、近代文物保护意识形成

清末至民国时期，我国在政府层面开始重视古代遗存，并制定相应法律条文对其进行保护、管理。1906年，清政府设立民政部，拟定《保存古迹推广办法》，于1909年颁布，通令各省执行。这是我国历史上第一个文物保护法规，分为调查和保护两部分，根据各类文物特点制定相应保护措施。1912年，中华民国政府筹建国立历史博物馆。1914年，在故宫外朝成立古物陈列所，同年颁布《大总统禁止古物出门令》。

1928年，中华国民政府设立"中央古物保管委员会"，这是我国第一个专门保护管理文物的机构。同年，中华国民政府内务部颁布《名胜古迹古物保存条例》，对各类名胜古迹古物的保护管理进行了规定。1930年，中华国民政府颁布《古物保存法》，这是我国历史上由国家公布的第一个文物保护法规，其明确规定"本法所称古物指与考古学、历史学、古生物学及其他文化有关之一切古物。"1931年7月，又颁布了《古物保存法施行细则》，进一步明确了文物保护的施行办法。1935，中华国民政府批准设立了"旧都文物整理委员会"，专门负责研究、整修北平的重要古建筑，包括天坛祈年殿、国子监、中南海紫光阁、西直门箭楼、五塔寺、碧云寺罗汉堂等。1946年，《中华民国宪法》正式颁布，其第166条明确规定，国家应"保护有关历史文化艺术之古迹古物"。

【人物档案】康有为的文化遗产保护思想

康有为（1858—1927年），近代思想家、文学家。康有为出生在封建官僚世家，较早接触到西方资本主义思想，面对当时清政府的腐败，主张变法。戊戌变法失败后，康有为逃亡日本，自此开始了长达16年的海外政治流浪生涯。康有为三次环球旅行，漫游了十几个国家，全面考察各国的政治、经济、文化，试图从中找到复兴中华之道。通过广泛的游历和考察，康有为既增强了对中华民族辉煌的文化遗产的自信，又为本国文化遗产没有得到很好保护而惋惜。在其代表性著作《列国游记》中，康有为记述了他对欧美各遗产大国的遗产保护经验的考察记录，以及对中西遗产保护的差距分析，这体现了近代先进知识分子文化遗产保护意识的觉醒。康有为的文化遗产保护思想，可从下述三方面来理解。

（1）文化遗产是保存和发扬民族文化的重要载体，直接反映了一个国家的物质文明和精神文明发展程度。康有为认为，文明不在长短，而贵在发展、变化，并且需要物质证明。在游览印度时，他提出"夫物相杂谓之文，物愈杂，则文愈甚。故文明者，智识至繁，文物至盛之谓。"在游览西班牙古宫殿时，他赞誉"考其精工，因以推其文明之治与科学之盛。"进而想到"吾国阿房、建章、仙掌、铜雀、临春、结绮、西苑、迷楼，所关于美术不少，惜皆一炬，不足以著吾国之文明；空有遗文，不足以示外人之徵信，诚非常憾事也。"

（2）发掘、保存文化遗产，可以证我国之文明。康有为在赞誉西方国家对文化遗产的妥善保护时，也为故国文物的流失、破坏感到痛心。在游览德国博物院时，看到中国珍稀文物尤多，皆是人间难见之品时，他不禁感慨"伤心故国精华耗矣，哀哉！"同时，他提出"吾国不乏历阳之湖，若齐、秦、晋、豫之郊，发掘古迹必有无数，以证吾国之文明，所望吾国好事者为之，所关于文野之声名，以资世人之新识，岂浅鲜哉？"

（3）文化遗产是公共财产，应通过博物馆进行有效保存，发挥传承文化、启迪民智的作用。康有为透过西方的文化状况回视中国历史，深刻意识到文化遗产有利于启迪民智、提升民族素养，呼吁我国也应建立博物馆，完好保存古物，向世人展示国家文明与进步。他提到："我国之大，以文明自号数千年，而无一博物院以开民智，欧美人每问吾国博物院，吾为赧然面赤，奇耻大辱未有甚于此者。"因此，康有为准备回国筹办博物院，却迫于财力有限而没能实现夙愿。

三、从"文物"保护到"文化遗产"保护

20世纪20年代，北京大学考古研究室和故宫博物院相继成立，标志着中国现代意义上的文物保护与研究工作正式展开。1926年，李济先生主持开展了中国首次科学考古发掘工作，在山西夏县西阴村发现了与仰韶文化同期的历史遗存。1930年，中国营造学社成立，营造学社开始系统地运用现代科学方法研究中国古代建筑，为不可移动文物保护工作打下了坚实的理论和实践基础。

【名物疏解】中国营造学社

中国营造学社成立于1930年，创办人是北洋政府时期的交通系大员朱启钤。

学社的宗旨是系统地运用现代科学方法，对我国古建筑进行"法式"和文献方面的实地调查测绘和研究考证。中国营造学社内设法式组和文献组，分别由梁思成和刘敦桢担任组长，分头研究古建筑形制和史料，并开展了大规模的中国古建筑的田野调查工作。从1932年至1937年抗日战争全面爆发前，学社成员先后对我国137个县市1 823座各类古建殿堂房舍进行了调查，详细测绘建筑206组，绘制测绘图稿1 898张。他们调查并重新发现了许多珍贵古建筑，如应县木塔、蓟县独乐寺、辽代观音阁等，基本理清了中国古建筑的发展脉络。

在坚持古建筑调查与研究的同时，营造学社还编辑出版了《中国营造学社汇刊》（共7卷22期）《清式营造则例》等大量专门著作，形成了较为系统的理论体系，开创了中国古建筑保护研究这门学科，奠定了我国文物建筑保护的基本原则。1949年新中国成立前夕，梁思成先生主持编录的《全国重要文物建筑简目》正式出版，对解放战争中的文物保护及新中国成立后的文物普查发挥了重要作用。《全国重要文物建筑简目》提出将"北京城"整体作为一个项目列入保护范围，可视为我国历史文化名城保护的重要思想基础。

营造学社旧址位于四川省宜宾市李庄镇上坝村月亮田，为两个相连的小院，包括学社办公室、梁思成先生办公室、卧室及莫宗江、刘致平、罗哲文等人的居室。1940—1946年，营造学社主要成员，如梁思成、林徽因、刘敦桢、陈明达、刘致平、莫宗江、罗哲文等人都曾在此工作、学习和生活。2006年，营造学社旧址被列为全国重点文物保护单位；2016年入选"首批中国20世纪建筑遗产"名录。

【人物档案】梁思成的文物建筑保护思想

梁思成（1901—1972年），毕生致力于中国古代建筑的研究和保护，也是中国文物建筑保护事业的先驱。1931年，梁思成担任中国营造学社法式部主任，开始以现代建筑学的方法对中国古代建筑进行实地调查与系统研究，并逐步形成了"修旧如旧"的历史建筑保护修复理念。

（1）文物建筑保护应当保护其历史面貌，应当"整旧如旧"。梁思成认为，把一座古文物建筑修得焕然一新，犹如把一些周鼎汉镜用擦铜油擦得油光晶亮一样，将严重损害到它的历史、艺术价值。在重修具有历史、艺术价值的文物建筑中，一般应以"整旧如旧"为我们的原则。经过维修的建筑应当保持原有的"品格"和"个性",给人以"老当益壮",而不是"还童"的印象。

（2）针对文物建筑存在的问题，采取的相应措施必须慎重，要经过必要的实验，证明这些措施有利于文物建筑的保护，并且不会对文物建筑的历史价值、艺术价值造成损害，才能实施。他写道："毛主席指示我们'一切要通过实验'，在文物建筑修缮工作中，我们尤其应该牢牢记住。"

（3）文物建筑的保护必须真正解决危及安全的问题。他认为："各地文物保管部门的重要工作之一就在及时发现这类急需抢救的建筑和它们'病症'的关键，及时抢修，防止其继续破坏下去，去把它稳定下来，如同输血、打强心针一样，而不应该'涂脂抹粉'，做表面文章。"

（4）文物建筑的保护不仅仅是对其本体的保护，这种保护应当包括文物建筑的环境。他指出："一切建筑都不是脱离了环境而孤立存在的东西。……对人们的生活，对城乡的面貌，它们莫不对环境发生一定影响；同时，也莫不受到环境的影响。在文物建筑的保管、维护工作中，这是一个必须予以考虑的方面。"

（5）一切保护措施都是为了保护文物建筑的历史价值、艺术价值，为了保护文物建筑原有面貌而存在的，这些措施不应造成文物建筑形象的改变。他认为，在古代文物的修缮中，我们所做的最好能做到"有若无，实若虚，大智若愚"，那就是我们最恰当的表现了。

新中国成立以后，文物保护作为国家文化事业的重要组成部分得到跨越式的发展，文物保护法律法规体系日臻完善，多层次的文物保护体系逐步建立。改革开放以后，随着经济发展与城乡建设规模扩大，文物保护要求不断提高，保护和建设之间的矛盾冲突不断加剧，保护工作的艰巨性和复杂性与日俱增。1992年，国务院在西安召开全国文物工作会议，明确提出了"保护为主、抢救第一"的新时期工作方针。时任中共中央政治局常委、中央书记处书记的李瑞环同志还提出了"先救命后治病"的观点，要按轻重缓急，抓住重点、急事先办，把有限的力量首先用于抢救那些快"断气"的孤品、珍品上去。1995年，在全国文物工作会议上进一步提出"有效保护，合理利用，加强管理"的文物保护工作原则。直到2002年《中华人民共和国文物保护法》修订时，将方针和原则凝练为"保护为主，抢救第一，合理利用，加强管理"，成为当时至今文物工作的遵循和指南。

2005年，国务院印发《国务院办公厅关于加强我国非物质文化遗产保护工作的意见》，提出"保护为主、抢救第一、合理利用、传承发展"的工作方针。同年，又发布《国务院关于加强文化遗产保护的通知》，再次强调物质文化遗产和非物质文化遗产保护的"十六字"工作方针,并将每年六月的第二个星期六确立为国家"文化遗产日"。至此,我国基本形成了完整的文化遗产工作方针与原则。《国务院关于加强文化遗产保护的通知》的发布,从战略层面加快了我国从"文物保护"走向"文化遗产保护"的发展进程,标志着我国文化遗产保护事业进入新阶段。

自2006年开始,中国国家文物局连续9年举办每年一次的文化遗产保护无锡论坛,先后对工业遗产、乡土建筑、20世纪遗产、文化景观、文化线路、运河遗产、世界遗产的可持续发展、文化遗产的保护与利用、文物事业与法制建设等主题进行了广泛、深入的讨论。第28届世界遗产委员会大会、第15届国际古迹遗址理事会大会、第2届文化遗产保护与可持续发展国际会议、东亚地区文物建筑保护理念与实践国际研讨会等重要国际会议先后在中国召开,《西安宣言》《北京文件》等国际文件陆续出台,不仅加强了中国与国际文化遗产保护领域的沟通与交流,还使中国文化遗产保护在观念和行动上日益与国际接轨,并为国际文化遗产保护理论的丰富与发展做出了重要贡献。

四、新中国文化遗产保护的发展与实践

(一)文物保护单位制度建立

1956年,国务院发布《关于在农业生产建设中保护文物的通知》,要求在全国范围内对历史和革命文物遗迹进行普查工作,并由省、自治区、直辖市人民委员会核准公布"文物保护单位"。自新中国成立以来,我国分别于1956年、1981年和2007年进行了三次全国性的文物普查工作。2011年,第三次全国文物普查工作结束,共登记不可移动文物77万处(不包括港澳台地区),其中新发现登记不可移动文物54万处,占登记总量的69.91%。2017年,第一次全国可移动文物普查结束,普查全国可移动文物1亿件/套,其中新发现新认定文物709万件/套,珍贵文物380万件/套。

1961年,国务院颁布《文物保护管理暂行条例》,正式提出"文物保护单位"保护理念,并明确规定根据文物保护单位的价值分为国家级、省级和县(市)级三个不同的保护级别,这标志着我国不可移动文物保护单位制度的初步形成。1974年,国务院发布《关于加强文物保护工作的通知》,此后公布文物保护单位成为我国文物保护的一项重要基础性工作。2019年,国务院公布第八批全国重点文物保护单位名单,新增重点文物保护单位762处。

第八批国保单位涵盖了考古遗址、建筑遗产、教育遗产、工业遗产、农业遗产、水利遗产、军事遗产和铁路文物等,覆盖面广泛,较好地体现了我国经济社会的发展历程,同时也体现出我国文化遗产保护面临的新变化和新要求。

（1）近现代重要史迹及代表性建筑的占比大幅提高。第八批全国重点文物保护单位共有近现代重要史迹及代表性建筑234处，占30.7%，远远超过第六批和第七批。其中，前7批共有革命文物477处，第八批新增革命文物138处；前7批共有抗战文物186处，第八批新增抗战文物46处；前7批共有反映新中国发展成就的文物22处，第八批新增反映新中国发展成就的文物40处。特别是反映新中国发展成就的40处文物，如北京站车站大楼、佛子岭水库连拱坝、原子能"一堆一器"旧址、核工业711功勋铀矿旧址、三线建设旧址、人民空军东北老航校旧址、宋庆龄儿童科学技术馆、西藏的川藏公路大渡河悬索桥、小岗村旧址等，有力地见证了新中国成立以来我国经济社会的大发展，充分展示了在中国共产党领导下的中国人民建设伟大祖国的突出成就。

（2）古建筑类型更为丰富，价值更为多元。第八批全国重点文物保护单位中有280处古建筑，涵盖了塔、桥梁、寺庙、坛庙、城郭、衙署、寨堡、宅第、建筑群落、会馆祠堂、牌坊、亭台楼阁、水利天文、书院学堂、仓库、作坊工场等多种类型。新增的流浪河磨房群还属于首次出现的古建筑功能类型，古建筑遗产内容更加丰富多样。此外，很多古建筑除了自身建筑价值突出以外，也展现出多元的遗产价值。比如，智珠寺、昆都仑召、云南提督府旧址等体现了我国历史上的民族团结发展和多民族融合统一；纳西族的叶枝土司衙署、藏族的达律王府、瑶族的勾蓝瑶寨等体现了我国少数民族的高超智慧；山西平定马齿岩寺、福建芷溪宗祠建筑等还与历史上很多重要革命事件有关，都有极高的革命文物价值。

（3）考古遗址充分展示了中华文明的发展脉络。例如，鲤鱼山老虎岭水坝遗址实证了中国早期先民利用和改造自然环境的伟大能力，其作为良渚古城遗址的重要组成部分，刚刚成功列入《世界遗产名录》；吉林长白山神庙遗址、新疆卓尔库特古城遗址等，实证了我国历代中央政府对于边疆地区的有效管辖；河南崤函古道石壕段、青海伏俟城遗址、新疆博格达沁古城遗址、上海青龙镇遗址、海南金银岛沉船遗址、珊瑚岛沉船遗址等则与"一带一路"密切相关，彰显了开放包容、兼收并蓄的中华文明。

自1961年第一批全国重点文物保护单位名单公布以来，截至2019年，我国已有5 058处国家级重点文物保护单位；所涉及的文化遗产不仅数量不断增多，范围也在不断扩展、内涵更加丰富、内容更加深化，结构不断完善，这反映出当代文化遗产事业所应具有的整体性、拓展性和发展性，充分说明我国文化遗产保护的理念、技术、管理体制等都已进入一个新的阶段（见表1-1）。

表1-1 全国重点文物保护单位概况一览表

批 次	公布时间	总数量	主要类型
第一批	1961年	180处	考古遗产、古建筑遗产、革命遗址及革命纪念建筑物
第二批	1982年	62处	考古遗产、古建筑遗产、革命遗址及革命纪念建筑物
第三批	1988年	258处	考古遗产、古建筑遗产、革命遗址及革命纪念建筑物
第四批	1996年	250处	考古遗产、古建筑遗产、近现代重要史迹及建筑遗产
第五批	2001年	518处	考古遗产、古建筑遗产、近现代重要史迹及建筑遗产等
第六批	2006年	1 080处	考古遗产、古建筑遗产、近现代重要史迹及建筑遗产、工业遗产、乡土建筑、遗产线路、遗产运河、文化景观等
第七批	2013年	1 943处	考古遗产、古建筑遗产、近现代重要史迹及建筑遗产、工业遗产、乡土建筑、文化景观等
第八批	2019年	762处	考古遗产、古建筑遗产、近现代重要史迹及建筑遗产、工业遗产、农业遗产、水利遗产、军事遗产、铁路文物等

（二）历史文化名城保护制度建立

改革开放以来，城市经济迅猛发展，城市进入空前规模的开发建设阶段。新区建设、旧城更新，以及城市基础设施改造等导致城市历史文化环境和传统风貌受到严重破坏，我国历史文化遗产保护面临的问题逐渐从历史建筑、遗址遗迹等单体文物转向整个历史传统城市。1981年，国家建委、国家文物局等部门向国务院提交了"关于保护我国历史文化名城的请示"报告。1982年，国务院批准公布北京、西安等24个城市为首批国家历史文化名城。同年，《中华人民共和国文物保护法》颁布实施，明确将保存文物特别丰富、具有重大历史价值和革命意义的城市，由国务院核定公布为历史文化名城，并建立起历史文化名城保护制度。截至2019年，国务院已将135座城市列为国家历史文化名城。

1985年，建设部城市规划司建议设立"历史性传统街区"，得到国务院采纳。1986年，第二批国家历史文化名城公布的同时，我国就首次提出了"历史文化保护区"的概念，要求地方政府依据具体情况审定公布地方各级历史文化保护区，并将"具有一定的代表城市传统风貌的街区"作为核定历史文化名城的标准之一。1996年，历史街区保护国际研讨会在安徽省屯溪召开，会议明确提出"历史街区的保护已成为保护历史文化遗产的重要一环"。1997年，建设部转发了《黄山市屯溪老街的保护管理办法》，对历史街区保护的原则方法给予行政法规的确认。由此，历史文化保护区正式成为名城保护制度的重要组成部分。

2002年，新修订的《中华人民共和国文物保护法》补充规定，保存文物特别丰富并且具有重大历史价值或者革命纪念意义的城镇、街道、村庄，由省、自治区、直辖市人民政府核定公布为历史文化街区、村镇，并报国务院备案。2005年，《历史文化名城保护规划规范》发布实施。2008年，《历史文化名城名镇名村保护条例》颁布实施。历经20余年的发展，历史文化名城保护制度不断完善，其保护内容由单体文物保护向文物环境及整个历史街区扩展，由城市总体布局等物质空间结构的保护向城市特色与风貌延续等非物质要素的保护拓展，最终建立起历史文化名城、历史文化街区、历史文化村镇三级保护制度，并形成了与单体文物保护制度相结合的多层次保护体系，标志着我国历史文化遗产的保护向着逐步完善与成熟阶段迈进（见表1-2）。

表1-2 我国历史文化名城类型一览表

城市类型	主要特征	代表性城市
古都类	以都城时代的历史遗存物、古都风貌或风景名胜为特点的城市	北京、西安、洛阳、开封、南京
传统建筑风貌类	具有完整地保留了某时期或几个时期积淀下来的完整建筑群体的城市	平遥、韩城、榆林、镇远、荆州
风景名胜类	自然环境对城市的特色起了决定性的作用，由于建筑与山水环境的叠加而显示出其鲜明个性的城市	承德、桂林、扬州、苏州、镇江
民族地方特色类	同一民族由于地域差异、历史变迁而显示出的地方特色或不同民族的独特个性，而成为城市风貌的主题城市	拉萨、大理、丽江、喀什、福州
近代史迹类	以反映历史的某一时期或某个阶段的建筑物或建筑群为其显著特色的城市	上海、天津、武汉、遵义、重庆
特殊职能类	城市中的某些职能在历史上占有突出的地位，并且在某种程度上成为这些城市的特征	泉州（海上交通）、景德镇（瓷都）
一般古迹类	以分散在全城各处的文物古迹作为历史体现的主要方式的城市	徐州、济南、长沙、吉林、沈阳

（三）非物质文化遗产保护的推进

以2001年昆曲艺术入选世界"人类口头和非物质遗产代表作"为标志，我国非物质文化遗产保护工作掀起了一个新高潮。2004年，我国正式加入《保护非物质文化遗产公约》。2005年，国务院发布《国务院办公厅关于加强我国非物质文化遗产保护工作的意见》，确立了"保护为主、抢救第一、合理利用、传承发展"的工作方针，并且要求建立国家级、省、市、县四级非物质文化遗产代表作名录体系，逐步建立起比较完备的非物质文化遗产保护制度。同年，文化部部署在全国范围内组织进行非物质文化遗产普查工作。

2006年，国务院正式公布第一批国家级非物质文化遗产名录，共计518项，涵盖民间文学、民间音乐、民间舞蹈、传统戏剧、曲艺、杂技与竞技、民间美术、传统手工技艺、传统医药、民俗等各方面。2008年，文化部颁布《国家级非物质文化遗产项目代表性传承人认定与管理暂行办法》，为鼓励和支持国家级非物质文化遗产项目代表性传承人开展传习活动提供了坚实的法律保障。2016年,文化部正式启动《中国非物质文化遗产传承人群研修研习培训计划(2016—2020)》,会同教育部在全国范围内遴选60~70所高校和相关单位等开展多层次教育培训,力争用5年时间培训非物质文化遗产传承人10万人次。截至2019年末,共有国家级非物质文化遗产代表性传承人3 068人,国家级非物质文化遗产代表性项目1 372项(见表1-3,表1-4)。

表1-3 国家级非物质文化遗产名录项目概况一览表

公布时间	名 目	总数量
2006年	第一批国家级非物质文化遗产名录	518项
2008年	第二批国家级非物质文化遗产名录	510项
	第一批国家级非物质文化遗产扩展项目名录	147项
2011年	第三批国家级非物质文化遗产名录	191项
	国家级非物质文化遗产扩展项目名录	164项
2014年	第四批国家级非物质文化遗产代表性项目名录	153项
	国家级非物质文化遗产代表性项目名录扩展项目名录	153项

表1-4 国家级非物质文化遗产传承人名录概况一览表

公布时间	名 目	传承人数量
2007年	第一批国家级非物质文化遗产项目代表性传承人	226人
2008年	第二批国家级非物质文化遗产项目代表性传承人	551人
2009年	第三批国家级非物质文化遗产项目代表性传承人	711人
2012年	第四批国家级非物质文化遗产项目代表性传承人	498人
2018年	第五批国家级非物质文化遗产项目代表性传承人	1082人

2007年,中国成都举办首届国际非物质文化遗产节。国际非物质文化遗产节每两年举办一次,从第二届开始由联合国教科文组织参与主办,是国际社会首个以推动人类非物质文化遗产保护事业为宗旨的大型文化节会活动,现已成为各国展示非物质文化遗产与交流保护经验的重要平台。2010年,山东济南举办了中国首届非物质文化遗产博览会。中国非物质文化遗产博览会每两年举办一次,是全国影响广、规模大、规格高、项目多、品类全的国家级非物质文化遗产博览会,也为中国非物质文化遗产融入现代生活提供了很好的契机。2016年,深圳文化产权交易所正式启动非物质文化遗产产业股权交易,开启了非物质文化遗产领域中"文化+金融"的模式,助推国家非物质文化遗产的保护与传承发展。总之,中国对非物质文化遗产的全面保护起步晚,但发展速度快,且成就斐然,积累了一些有特色的"中国经验",为世界文化遗产保护工作实践做出了一定的贡献。

(四)世界文化遗产保护体系的完善

1985年,我国加入《保护世界文化和自然遗产公约》。1986年开始申报世界遗产，文化遗产的概念逐渐引起社会广泛关注，并迅速普及，进一步推动我国文化遗产保护的快速发展。1987年，明清皇宫、秦始皇陵、敦煌莫高窟、周口店北京人遗址、长城和泰山被列入《世界遗产名录》。此后，我国积极参与世界遗产申报工作，特别是2003年以来，我国世界遗产申报连续17年获得成功，成为世界遗产领域实行申报限额制以来，唯一一个世界遗产连续申报成功的国家。

截至2019年，我国已有55项世界文化和自然遗产列入《世界遗产名录》，位居世界第一。其中，世界文化遗产37项（含文化景观5项）、世界自然遗产14项、世界文化与自然双重遗产4项。同时，还有40项非物质文化遗产列入《人类非物质文化遗产代表作名录》，总量也位居世界第一。此外，我国还积极申报世界记忆遗产、世界灌溉工程遗产、全球重要农业文化遗产等其他类型的世界遗产。目前，已拥有13项世界记忆遗产、19处世界灌溉工程遗产、15处全球重要农业文化遗产。我国是世界上拥有世界遗产类别最齐全的国家之一，也是拥有世界自然遗产、世界文化与自然双重遗产、世界非物质文化遗产、世界灌溉工程遗产、全球重要农业文化遗产数量最多的国家。

随着我国列入《世界遗产名录》的文化遗产数量增多，我国文化遗产保护机构与联合国教科文组织、国际古迹遗址理事会、国际文化财产保护与修复研究中心等国际组织建立了广泛的合作关系，为文化遗产保护与国际先进理念加强交流提供了机遇、条件。1997年，国家文物局与美国盖蒂保护研究所、澳大利亚遗产委员会合作开展"中国文物古迹保护纲要"课题研究。2000年，研究成果《中国文物古迹保护准则》（以下简称《准则》）以中国古迹遗址保护协会制定、国家文物局推荐的形式发布。《准则》参照了以1964年《威尼斯宪章》为代表的国际原则，并立足中国文化遗产保护的需求，结合中国文物保护实际进行了保护理念、价值取向、评价标准的多元整合，是我国文物古迹保护工作向国际化发展的重要一步。2015年，国家文物局批准通过了《准则》的修订工作。修订后的《准则》在把国际文化遗产保护的原则与中国文物古迹保护实践紧密结合的基础上，充分吸收中国古迹遗址保护协会多年来关于文化遗产保护理论和实践的成果，反映了我国文化遗产保护的经验和成果，为国际文化遗产保护做出了应有的贡献。

【名物疏解】不同含义的"世界遗产"

联合国教科文组织的"世界遗产"以其较长的发展历史、相对完善的认定机制和数量众多的项目，成为最重要的"世界遗产"品牌。此外，不同的国际组织还评选认定了很多其他类型的"世界遗产",并逐渐得到国际社会的广泛认可。比如,联合国教科文组织启动的世界记忆遗产(1992)、人类口头与非物质文化遗产代表作(1997),联合国粮农组织认定的全球重要农业文化遗产(2002),国际灌溉排水委员会评选的世界灌溉工程遗产(2014)等。具体来说,可从以下六项来分析与理解(见表1-5)。

表1-5 不同"版本"的世界遗产

遗产名称	评审单位	主要遗产类型
世界遗产	联合国教科文组织世界遗产委员会	有形的、不可移动的自然与文化遗产
人类非物质文化遗产	联合国教科文组织	非物质文化遗产
世界记忆遗产	联合国教科文组织世界记忆工程国际咨询委员会	档案、文献类文化遗产
全球重要农业文化遗产	国际灌溉排水委员会	农业文化遗产
世界灌溉工程遗产	国际灌溉排水委员会	古代水利工程遗产

(1)世界遗产:经联合国教科文组织和世界遗产委员会认定而列入《世界遗产名录》的遗产项目。世界遗产包括世界文化遗产(包含文化景观)、世界自然遗产、世界文化与自然双重遗产,主要针对的是有形的、不可移动的自然与文化遗产。

(2)人类非物质文化遗产:经联合国教科文组织评选确定而列入《人类非物质文化遗产代表作名录》的遗产项目。人类非物质文化遗产主要针对的是传统、口头表述、节庆礼仪、手工技能、音乐、舞蹈等。

(3)人类口述与非物质遗产代表作:经联合国教科文组织评定而列入《人类口述和非物质遗产代表作》清单的口头和非物质遗产优秀代表作品。2003年《保护非物质文化遗产公约》通过,规定将本公约生效前宣布为"人类口头和非物质遗产代表作"的遗产纳入人类非物质文化遗产代表作名录,在本公约生效后将不再宣布其他任何人类口头和非物质遗产代表作。

(4)世界记忆遗产:经联合国教科文组织世界记忆工程国际咨询委员会确认而纳入《世界记忆名录》的文献遗产项目。世界记忆遗产主要针对的是文件、手稿、口述历史的记录以及古籍善本等档案、文献类遗产。截至2019年,我国已有13项档案文献被列入《世界记忆名录》,包括甲骨文、清代科举大金榜、《本草纲目》(1593年金陵版)、南京大屠杀档案等。

(5)全球重要农业文化遗产:经联合国粮农组织评审而纳入《全球重要农业文化遗产保护名录》的遗产项目,旨在建立全球重要农业文化遗产及其有关的景观、生物多样性、知识和文化保护体系。截至2019年,我国已有15项全球重要农业文化遗产，包括浙江青田稻鱼共生系统、江西万年稻作文化系统、云南红河哈尼稻作梯田系统、陕西佳县古枣园、中国南方稻作梯田等。

（6）世界灌溉工程遗产：经国际灌溉排水委员会主持评选而被纳入《世界灌溉工程遗产名录》的遗产项目，着眼于挖掘和宣传灌溉工程发展史及其对文明的影响。世界灌溉工程遗产都是古代水利工程可持续利用的典范。截至2019年，我国已有19项世界灌溉工程遗产，包括都江堰、灵渠、郑国渠、宁夏引黄古灌区、内蒙古河套灌区等。

（五）新时期文化遗产保护的趋势

党的十八大以来，习近平同志站在实现中华民族伟大复兴中国梦的战略高度，对文化遗产保护做出一系列重要指示批示，提出"像爱惜自己的生命一样保护好城市历史文化遗产""让收藏在博物馆里的文物、陈列在广阔大地上的遗产、书写在古籍里的文字都活起来""切实做到在保护中发展、在发展中保护"等重要论述。党的十九大将"加强文物保护利用和文化遗产保护传承"作为坚定文化自信的一个部分写进报告。这些都为新时代中国文化遗产保护发展工作提供了重要的理论指导和实践遵循。

2016年，国务院发布《国务院关于进一步加强文物工作的指导意见》，再次重申了"保护为主、抢救第一、合理利用、加强管理"的工作方针，强调"坚持保护文化遗产的真实性和完整性""正确处理经济社会发展与文化遗产保护的关系"。此外，《国务院关于进一步加强文物工作的指导意见》还提出"坚持创新、协调、绿色、开放、共享的发展理念"及"切实做到在保护中发展、在发展中保护"两个全新论述，并在保护的基础上提出"深入挖掘和系统阐发文物所蕴含的文化内涵和时代价值"，为新时代做好文化遗产保护与利用工作指明了方向。2018年，中共中央办公厅、国务院办公厅印发《关于加强文物保护利用改革的若干意见》，明确提出要"坚持创造性转化、创新性发展，做好文物保护利用和文化遗产保护传承，努力走出一条符合国情的文物保护利用之路"。加强文物保护利用和文化遗产保护传承，坚持在保护中发展，在发展中保护，已成为新时代中国文化遗产保护工作的新任务新要求。

我国文化遗产保护工作经历了曲折的历史过程，文化遗产的内涵、外延，以及遗产保护理念都随着实践发展而不断变化。从保护文物到保护文物的环境；从保护单体的文物古迹，扩大至保护历史地段、历史城市；从保护单一要素的文化遗产，到保护多种要素的综合性文化遗产；从重视古代文化遗产，到重视近现代文化遗产；从保护古建筑遗址，到保护现代还有人继续生活、使用的建筑遗产和历史街区等；从保护宫殿、教堂、寺庙等建筑艺术精品，到保护乡土民居、工业建筑等与普通人生活密切相关的一般建筑；从保护物质文化遗产，到保护非物质文化遗产；从专家保护、政府保护，到民众保护、社会保护。文化遗产事业的内涵逐渐深化、领域不断扩大，并由此引发了遗产要素、类型、空间、时间、性质、形态等各方面的深刻变革。在新的形势下，我们要准确把握时代趋势，创新遗产保护发展理念，构建中国特色文化遗产保护发展体系，推动我国文化遗产保护能力建设。

【事件回放】新中国70年文化遗产工作大事要览

1949年，中央人民政府文化部设立文物局，负责指导管理全国文物、博物馆、图书馆事业。

1950年，中央人民政府政务院颁发《禁止珍贵文物图书出口暂行办法》，这是由国家颁布的第一个有关保护文物的法令。

1956年，第一次全国文物普查在全国范围内展开，共调查1 126个市县，登记不可移动文物36 231处。

1961年，国务院颁布《文物保护管理暂行条例》，初步确立了中国特色文物保护的基本制度。核定公布第一批全国重点文物保护单位180处，确立不可移动文物的文物保护单位制度。

1973年，国家文物局成立。"中国出土文物展览"赴欧洲、大洋洲、非洲和亚洲的16个国家展出，文物对外交流与合作为实现中国外交的突破做出了重要贡献，被赞誉为"文物外交"。

1982年，《中华人民共和国文物保护法》颁布实施，这是我国在文化领域第一部由国家最高立法机构颁布的法律。国务院相继公布了第一批国家历史文化名城24座和第二批全国重点文物保护单位62处。

1983年，中国博物馆学会加入联合国教科文组织属下的国际博物馆协会，标志着中国文物事业在国际舞台崭露头角。

1985年，中国加入《保护世界文化和自然遗产公约》。

1987年，中国的第一批6项遗产进入《世界遗产名录》，我国文物事业进一步与世界接轨。

1992年，国务院在西安召开全国文物工作会议，明确提出了"保护为主、抢救第一"的新时期文物工作方针。

1995年，全国文物工作会议在"保护为主、抢救第一"的工作方针基础上，进一步提出"有效保护、合理利用、加强管理"原则，形成文物工作完整的方针和原则。

1997年，国务院颁发《关于加强和改善文物工作的通知》，要求各地方、各有关部门要做到文物保护工作"五纳入"，即纳入当地经济和社会发展计划、纳入城乡建设规划、纳入财政预算、纳入体制改革、纳入各级领导责任制。

2002年，《中华人民共和国文物保护法》修订颁布，"保护为主、抢救第一、合理利用、加强管理"的文物工作方针上升为法律条文。

2005年，国务院印发《关于加强文化遗产保护的通知》，明确物质文化遗产和非物质文化遗产保护的"十六字"工作方针，并决定设立国家"文化遗产日"。第一次全国非物质文化遗产普查工作展开。

2007年，第三次全国文物普查全面展开。至2011年，第三次全国文物普查圆满完成，共调查登记各类不可移动文物近77万处。

2008年，全国博物馆免费开放全面启动。

2009年，全国长城资源调查田野工作全部完成，大运河文化遗产资源调查工作圆满完成。全国非物质文化遗产普查基本结束，共收集珍贵实物和资料26万件，普查文字记录8.9亿字、录音记录7.2万小时、录像记录13万小时，拍摄图片408万张，汇编普查资料8万册，非物质文化遗产资源总量近56万项。

2011年，《中华人民共和国非物质文化遗产法》颁布实施，这是迄今为止我国关于保护非物质文化遗产所颁布的最权威的法律条文。

2012年，国务院印发《关于开展第一次全国可移动文物普查的通知》。至2016年，第一次全国可移动文物普查结束，普查全国可移动文物1亿件/套。

2015年，中共中央主流媒体集中宣传习近平总书记关心历史文物保护工作实践和关于文物保护重要指示批示精神。

2016年，习近平总书记对文物工作、博物馆建设等做出重要指示批示，强调努力走出一条符合我国国情的文物保护利用之路。国务院出台《国务院关于进一步加强文物工作的指导意见》。

2017年，国务院办公厅印发《关于进一步加强文物安全工作的实施意见》。

2018年，中共中央办公厅、国务院办公厅审议通过《关于加强文物保护利用改革的若干意见》，印发《关于实施革命文物保护利用工程（2018—2022年）的意见》和《关于加强文物保护利用改革的若干意见》。

2019年，《长城、大运河、长征国家文化公园建设方案》审议通过，《长城保护总体规划》《大运河文化保护传承利用规划纲要》印发实施。中国世界遗产总数达到55项，位居世界第一。

第三节 文化遗产分类与分级

一、物质文化遗产

新中国对文物的分类早在1961年颁布的《文物保护管理暂行条例》中就有阐述，后经过不断修改和完善，在2002年《中华人民共和国文物保护法》中对文物的分类和分级做出了明确的规定。

我国的物质文化遗产分为可移动文物、不可移动文物和文物组合体三大类。其中，不可移动文物包括古遗址、古墓葬、古建筑、石窟寺、石刻、壁画、近代现代重要史迹及代表性建筑等；可移动文物包括历史上各时代的重要实物、艺术品、文献、手稿、图书资料等，收藏于博物馆、图书馆及其他文物收藏单位。此外，还有一类较大规模的文物组合体，即保存文物特别丰富并且具有重大历史价值或者革命纪念意义的城市、城镇、街道、村庄，由国务院和各级人民政府核定公布为历史文化名城、历史文化街区和历史文化村镇等。

不可移动文物根据其历史、艺术、科学价值，可以分别确定为国家、省、市（县）级保护单位。可移动文物依据其价值可分别确定为珍贵文物和一般文物。其中，针对文物又分为一级、二级、三级文物（见图1-3）。截至2019年，我国共有5058处全国重点文物保护单位。此外，我国已成功申报世界遗产55项，其中文化遗产37项、自然遗产14项、自然与文化双遗产4项，世界遗产总数位居世界第一。

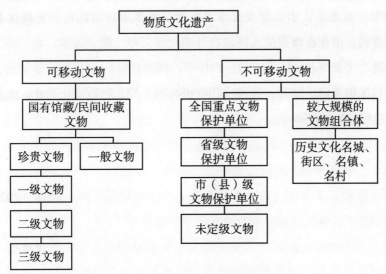

图1-3　我国物质文化遗产分类分级体系

二、非物质文化遗产

联合国教科文组织于1997年11月在第29次全体会议上通过一项关于"联合国教科文组织宣布人类口头及非物质遗产的杰作"的决议，并于2001年首次公布了第一批19件人类口头及非物质文化遗产的杰作，这其中就包括中国的昆曲艺术。在这两者的基础上，形成了《保护非物质文化遗产公约》，并于2003年10月第32届大会闭幕前得以通过，明确认定"非物质文化遗产"是"文化多样性的熔炉和可持续发展的保证"，并给出了"非物质文化遗产"的基本定义。

2005年国务院办公厅颁布《国务院办公厅关于加强我国非物质文化遗产保护工作的意见》，对非物质文化遗产进行了更为简明的定义：非物质文化遗产指各族人民世代相承的、与群众生活密切相关的各种传统文化表现形式（如民俗活动、表演艺术、传统知识和技能，以及与之相关的器具、实物、手工制品等）和文化空间。

而非物质文化遗产可分为以下两类。①传统的文化表现形式，如民俗活动、表演艺术、传统知识和技能，以及与之相关的器具、实物、手工制品等；②文化空间，即定期举行传统文化活动或集中展现传统文化表现形式的场所，如古戏楼、文化广场、神山、圣山等，兼具空间性和时间性。此外，非物质文化遗产的外延范围包括：口头传统，包括作为文化载体的语言；传统表演艺术；民俗活动、礼仪、节庆；有关自然界和宇宙的民间传统知识和实践；传统手工艺技能；与上述表现形式相关的文化空间。

与此同时，针对具有杰出价值、典型意义，或在历史、艺术、民族学、民俗学、社会学、人类学、语言学及文学等方面具有重要价值的民间传统文化表现形式、文化空间，由相应级别的人民政府分别批准公布，建立国家、省、市、县级非物质文化遗产代表作名录体系。截至2019年，我国共有3 154处国家非物质文化遗产代表性项目保护单位。同时，我国成功申报40项人类非物质文化遗产，人类非物质文化遗产总数位居世界第一。

第四节 文化遗产价值认知

文化遗产是人类历史上不同时期的人们创造的或与创造活动有关的物质与非物质文化遗存，集中体现了一个民族、一个国家的经济、文化和社会发展历程，是文化创造的载体和历史发展的见证。文化遗产对于人类的重要性，被称为"价值"，遗产之所以受到保护也是因为"价值"，甚至在一定程度上可以说，遗产保护是以价值为导向的：①遗产保护事业应建立在遗产价值体系发展的基础上；②价值标准始终是判定遗产的核心要求；③在遗产管理实践中，价值评估是极为重要的基础，也是联系其各方面管理原则的核心。

从本质上讲，所有遗产都是人们依据当前的目的需要与价值观对过去或历史的选择性再现。例如，英国的遗产反映了其对帝国主义自尊的怀念，美国遗产是为了重新调整经济社会的焦虑，法国遗产是为了消解战时的耻辱，澳大利亚的遗产是为了锻造本土的骄傲。可见，遗产之所以成为"遗产"，是来自作为主体的人对遗产本体的认知和判定。而主体的认知具有时间性，伴随着主体对遗产观念的扩展与变化，关于遗产价值的阐释将更加多样。因此，遗产价值认知是一个随时空变迁不断更新的过程。重新修订的《实施〈保护世界文化和自然遗产公约〉的操作指南》中增加了情感、审美、文化和景观价值。

在讨论文化遗产价值时，通常更为强调文化遗产的基本文化内涵，涉及的主要内容是历史价值、艺术价值、科学价值等。这一核心价值的形成，是随着对文化遗产价值深入研究，认知不断深化而逐渐概括、规范，最终由法律规定而确立的。国内外对文化遗产的价值表述基本都着重强调了文化遗产历史、艺术、科学价值的重要性。例如，埃及《文物保护法》中规定："凡史前、历史上各时代直至100年前的与各种文化、艺术、科学、文学和宗教有关的一切具有考古价值或历史意义的动产或不动产均属文物。"《西班牙历史遗产法》中规定："西班牙历史遗产由具有艺术性、历史性、人种学、古生物学、科学和技术价值的可移动财产和不可移动财产组成。"联合国教科文组织《保护世界文化和自然遗产公约》中，也主要是从"历史、艺术、科学角度"来定义文化遗产的"突出普遍价值"。在《保护世界文化和自然遗产公约》第一条中，对文化遗产进行定义时就强调了"从历史、艺术或科学角度看具有突出的普遍价值"。这一价值认知的话语体系，源于19世纪西欧建筑学和考古学关于遗产保护的讨论，并在20世纪上半叶，伴随欧洲遗产保护运动的兴起,通过国际遗产保护宪章、联合国教科文组织等国际遗产保护组织成为全球性的权威遗产话语。

在我国文物保护法律法规中,也一以贯之地强调了文化遗产的"历史、艺术、科学价值"。例如,1950年,中央人民政府政务院颁发的《禁止珍贵文物图书出口暂行办法》,即新中国成立后中央人民政府颁发的第一个保护文物法令规定:"为保护我国文化遗产,防止有关革命的、历史的、文化的、艺术的珍贵文物及图书流出国外,特制定本办法。"1960年,中央人民政府文化部、对外贸易部颁发的《关于文物出口鉴定标准的几点意见》中明确写道:"具有一定历史、科学和文化艺术价值的文物、图书原则上一律禁止出口。"1982年,全国人民代表大会常务委员会公布的《中华人民共和国文物保护法》,在第二条明确规定:"在中华人民共和国境内,一切具有历史、艺术、科学价值的文物,受国家保护。"此后,在文物法的历次修订中,也都将文化遗产具有历史、艺术、科学价值的理念贯穿于全部法律。可以说,历史、艺术、科学价值是对文化遗产价值的高度概括和科学规范,也是文化遗产最根本的价值所在。

20世纪中上叶,出现了由传统的单体、局部的"古物"观或"文物"观向现代的、整体的、系统的"文化遗产"观转变的趋势,遗产价值载体也由"物"向"人"扩展。随着文化遗产主体多元性认知的不断扩展,对于文化遗产价值的认知也从最初较多关注历史、艺术、科学价值,进而发展为兼顾经济、文化、社会价值等诸方面,逐步形成了新的遗产价值体系。

课后思考题

1. 什么是文化遗产?
2. 简述文化遗产概念的历史演变。
3. 简论我国文化遗产保护历程及成就。
4. 如何看待文化遗产的价值?文化遗产具有哪些价值?

第二章　中西方文化遗产保护理念差异

文化遗产作为一种文化符号，是文化表象的外在载体。文化遗产应是思想意识、科学技术及社会生产的集中体现。在中西方两种文化体系下，哲学思想、艺术审美差异及社会文明发展历程的不同，必然引发中西方文化遗产保护不同的理念认知和实践规范。

第一节　价值差异

文化遗产作为一种具有多重价值的公众资产，既包含了所能反映出见证历史活动的自身价值和美学价值，亦包含着社会价值及由此衍生出来的经济价值。对于历史上留存下来的文物古迹，中国人主要是考量它与社会主流价值观的关系，其价值主要体现在与之相关的历史事件、历史人物，以及由此而产生的美学价值和社会价值，因此更多地关注整体风格、人文环境与象征意义；西方国家则强调科学与理性，以历史信息准确性作为判定文物古迹美与否的标准，更为强调遗产自身价值，更多地关注遗产真实性和对遗产实体元素的保留。形成这种差异的原因，是中西方不同历史文化背景下的审美崇尚、价值取向之间的巨大差异，而这种差异在古代建筑设计中表现得尤为突出。

一、中西方审美崇尚源自不同标准

中西方的审美崇尚是源自不同标准的。中国人的审美倾向在于"美即是善"，核心思想是"尚善"。而西方认为"美是和谐与比例"，核心思想在于"求真"。以善为美的具体内涵是重教化、尚伦理；而以真为美的具体内涵是重科学、尚真诚。不同的审美崇尚形成了不同的遗产保护理念，中国人更注重意义的传承，西方人则更注重信息的可读。

【名物疏解】美即是善

《国语·楚语上》中记载了这样一则故事：春秋战国时期，楚国国君楚灵王登上刚建成的离宫章华台后，万分欣喜，问身边的贤臣伍举："台美夫？"伍举说："臣不知其美也。夫美也者，上下、内外、小大、远近皆无害焉，故曰美。……若于目观则美，缩于财用则匮，是聚民利以自封而瘠民也，胡美之为？"在伍举看来，美是对各方面无害的，而楚灵王这样重赋厚敛、劳民伤财的行为则为不美。这是我国现存典籍中关于"美"的最早定义。

先秦时期，"美即是善""善外无美"的美学观赋予了"美"强烈的政治和伦理意义，也奠定了中国传统美学的发展方向。此后，以孔子为代表的"仁"，以老子、庄子为代表的"道"等各种美学思想相继形成，"善"始终是"美"的标准之一，强调不能脱离政治上各种关系的和谐。例如，孔子说《韶》乐"尽美矣，又尽善矣"，说《武》乐"尽美矣，未尽善也"，看似将"美"和"善"分开了，然而他的评价标准实际上仍然倾向于"善"，甚至可以说"以善统美"，体现了"尚善"的核心美学思想。

【名物疏解】美是和谐与比例

西方美学发轫于古希腊的毕达哥拉斯学派。毕达哥拉斯学派的创始人毕达哥拉斯从数学的角度出发，提出了"美是和谐与比例"的观点。毕达哥拉斯学派把数视为世界万物的本源，整个宇宙便是由数的和谐关系构成的，美就是在数之本位统摄下的一种数量关系的和谐形式。在此基础上，他们认为，凡是合乎理想数量关系的"和谐"就能构成"美"，并致力于探求什么样的数量比例关系才能产生美的效果，进而得出了一些经验性的规范，这也为"黄金分割率"的形成奠定了基础。

这种源于古希腊对数的比例与和谐的追问探究，开创了西方美学重视美之形式研究的理论传统。此后，柏拉图、亚里士多德等思想家从不同方向对"美是和谐"进行了阐释，使得"美是和谐"的思想影响日益深远，形成以和谐、匀称为美的美学思潮。例如，在亚里士多德的美学思想中，他认为，只有在各部分的安排体现出大小比例和秩序，组成一个融贯统一的整体，才能见出和谐，且这种和谐更偏重于理性、精神与内容的内在和谐。古罗马时期，建筑师维特鲁威在《建筑十书》中强调建筑要有优美的外观、比例协调而且"均衡"。维特鲁威认为，建筑物"必须是按照人体各部分的式样制定严格的比例",要求建筑细部的高度、宽度和长度表现适度的比例关系,以达到整体的协调。

(一)中国建筑遗产的审美崇尚

中国古建筑无论从宫廷到官府还是民宅到寺庙,基本呈现了以"主体居中、轴线对称、序列递进"的水平铺陈排列形态,凸显不偏不倚的中庸之道。这种建筑形态承载着我国古代宗法观念和封建礼制,即建筑集合群是一个内向封闭系统,映衬着规范明确、等级森严的宗法礼制,开间、色彩、装饰囿于严格的礼制等级,受宗法守旧思想的影响,一直沿用木构框架体系。例如,明清宫殿、曲阜孔庙等都是重重院落相套而成,他们注重平面的纵深组合,既合乎规律,又遵循等级制度。

【案例】故宫

作为中国传统建筑技术、艺术、文化的集大成者,故宫从选址上延续了历朝历代"择国之中而立宫"的思想,并依据中轴对称,前朝后寝的设计原则,四合院落作为基本布局单位,单体建筑沿着中轴线上的主体建筑对称分布,主从明确,体量上一致对称,既满足了宫廷建筑功能上的需求,展示了宫廷建筑美学上的效果,也遵循了宫廷礼制上的规范,显示帝王的权利及皇权的至尊,体现了在宗法思想影响下的内向性社会结构形态,是封建帝制下天子正统思想的集中反映。

故宫作为我国现今保存最完好的皇家宫殿建筑群,是由九千多座体量适中的单体建筑组合而成的。建筑群主要在平面上铺展,太和殿、中和殿、保和殿等主要建筑依次排列于贯穿南北的正中轴线上,次要建筑有序铺排在中轴线两侧,有各自的轴线。其中,太和殿位于故宫南北主轴线上最显要的位置,是故宫规模最大、最庄严的一座大殿,也是中国古宫殿建筑群中开间最多、进深最大、屋顶最高的一座宫殿,主要用于皇帝登基、举行婚礼、办寿、举办重大节日庆典和隆重仪式、接受文武百官朝拜。故宫的屋顶型制是中国古建筑屋顶中最高等级的重檐庑殿(指两层屋顶的庑殿样式),宫殿的宽度、深度、屋顶型制等皆体现和象征了礼制的最高等级。总体上看,故宫形成以太和殿为中心的院落组合布局形式,各院落前后相互串联,外围环以高墙的布局结构。

群体作为建筑群的核心，从整体至局部，从群体至个体，都侧重于单体宫室体量和尺度的配合，注重空间组合的合理排序，进而创造出一种协调舒适的氛围。这种组合方式，通过增大群体规模和遵从严格"礼制"伦理结构排列布局而展现的"尚大"精神，既强调建筑群体平面布局的四面铺陈，又象征有序的礼制伦理和审美意蕴。这种方式融入了中国传统的人生观和宇宙观，在民居建筑中也有所体现。标准的北京四合院可视为传统建筑的民间代表，家长制在民居建筑中得到了应有的体现，平面中轴对称、等级分明、秩序井然，上房和东西厢房的空间对比显示出了从属关系，规整围合的平面也表现出内向型的特点。

（二）西方建筑遗产的审美崇尚

"万物皆数"的理念深刻影响着西方的建筑设计，构形意识始终贯穿着算术几何模型和方案的取舍过程，服从局部之间比例划分的形式美原则。以古代希腊为代表的西方建筑，注重数理化几何形体的应用，突出开放的、基本无复杂组合空间的单体建筑，布局也不刻意追求对称，反而突出差异与不规则性，建筑整体简洁朴素。西方建筑基本都是开放的，草坪和花园也是开敞的，鲜有围墙建筑。在古希腊、古罗马时代，人们就已经在一些建筑上使用窗户、门及廊柱等来营造开放空间，如古罗马斗兽场、古希腊露天剧院等。影响遍及世界的"希腊古典柱式"，堪称古希腊哲学美学思想的集中体现。它是数、比例、人体美的集合，通过模拟人体比例设计呈现人体美学的审美观，强调各个部件和谐地组合。古希腊的帕提农神庙，其正面的高与宽完全按照黄金分割定律而设计，不仅是重视几何概念和各比例关系和谐的结果，还体现了整个西方古建筑重视立面形象的设计构思。罗马万神庙穹顶到地面是一个直径43.3米的圆，米兰大教堂的"控制线"是一套几何图形的衍生。

【案例】卢浮宫

卢浮宫位于法国巴黎市中心的塞纳河北岸，是世界著名的艺术殿堂和举世瞩目的万宝之宫。卢浮宫东立面是欧洲古典主义时期建筑的代表作品，轮廓整齐、威严雄伟，整体构图具有严密的数理关系，艺术构思上注重严谨的比例关系，善于表现几何图案美，注重体现建筑的几何分析性，体现了在科学技术与理性精神引导下的审美趣味，是理性美的象征。

卢浮宫东立面长约172米，高约28米，上下依据柱式结构分为三部分：底层是基座，中间是柱子的主体部分，柱子全部伫立于基座之上，最上面是女儿墙和墙檐。水平方向由双柱构成的空柱廊组合排列而成，且有凸出的部分将平面左右分成了5段。正中央为古希腊神殿立面，两侧对称，都有突出的壁柱装饰，突出了主轴线。构图立面为上下两层，下层为基座，上层为双柱式柱廊，排列着许多小圆拱窗。整体构图具有严密的数理关系：其一，水平方向的5段组成部分，中部恰好是一个正方形，宽和高都是28米，两头突起的部位为24米，恰好是柱廊宽度48米的一半；其二，上下依据完整的柱式结构分为三部分，基座部位高9.5米，刚好约为整个立面高度28米的三分之一；其三，柱廊部位的构图也体现了严密的数的联系，双柱和双柱之间的中线距离为6.69米，刚好约为柱身高度13.3米的一半，且科林斯柱身底部的直径是柱高的十分之一。

西方建筑还讲究单体的庞大气势，重视单体建筑在造型、体量和透视上的效果，追求垂直方向的层次与体量。西方建筑的整体展开方式注重视觉上的立体感，遵循建筑整体和局部的大体平衡，强调整体建筑组群的视觉焦点与心理中心。每座建筑都是一个独立、封闭的个体，常常有着巨大的体量与超然的尺度，远远超出了实际需要，重在表现一种理念，赋予建筑向上与向四周扩张的性格。在某种意义上，西方建筑反映了西方人征服自然的外向、进取的行为模式与价值取向。古埃及花费巨大人力物力建造的方尖碑通常以重达数百吨的整块花岗石雕成，卢克索阿蒙神庙里作为太阳象征的方尖碑，高23米、重达230吨，就如同把一个金字塔形状的体量放置在柱头。古罗马的斗兽场、神庙、浴场与宫殿建筑，以巨大的外部体量和几何形态给人强烈的震撼。而古代教堂建筑也往往利用巨大的富于几何意味的穹窿顶，外凸的实体块面，以表现建筑外张的特性。

二、中西方天人观念侧重不同哲学思想

中西方的天人观念侧重不同的哲学思想。中国传统文化重和谐、包容，主张天人合一，顺其自然，强调曲线与含蓄美，尚悟性，表现内向；而西方文化重对立、斗争，主张征服自然，提倡竞争扩张、优胜劣汰，强调规模与平直性，尚理性，表现外向。在两种不同哲学思想的引导下，中国人更看重整体的和谐，西方人则更看重个体的精确。

【名物疏解】中国古代建筑"天人合一"的设计思想

中国传统思想认为，自然是万物生息循环的根源，人应顺从自然，心存敬

畏,不违天命。道家思想认为"道生一,一生二,二生三,三生万物,万物归于道",儒家学说主张"事各顺于名,名各顺于天,天人之际,合而为一",两者均认为万物源于自然,归于自然,讲求人与自然的和谐统一,即"天人合一"。汉代大儒董仲舒提出:"高台多阳,广室多阴,远天地之和也,故圣人弗为,适中而已矣",这也反映了中国古人在建筑思想方面追求适中,与自然环境和谐统一的观念。

我国传统古建筑深受儒家"中和"思想的影响,讲究和谐之美。从建筑特点上看,主要采取与自然和谐、与环境融合的方式,组合布局都是平面开张,追求和谐,通过对木结构优点的合理利用,将多个单独的建筑物从整体上进行组合与规划,实现平面的整体和谐,通过水平方向上深邃的空间延伸营造重大的政治、宗教和美学意义。

【名物疏解】西方古代建筑"天人二分"的设计思想

西方传统哲学认为,具象的世界之外还有一个形而上的抽象世界,且将这个非现实的抽象世界作为最真实的存在来解释具象世界中的各种问题及现象。在他们看来,人是世界的主宰,是"万物的尺度",力量等于崇高、伟大,是人们意志力的扩张,通过强有力的、高大的几何形体实现。

古罗马建筑师维特鲁威在《建筑十书》中提出建筑应具备三原则,即适用、坚固、美观。他将"坚固"作为建筑的主要追求之一,显然与西方传统哲学思想有关。西方建筑宣扬的是人与自然对抗产生的美感,往往通过空间的体积、夸张的造型来表达力量、威慑和与自然的对立,在时间上也极力表现建筑抵御自然力消蚀的能力,如埃及金字塔、希腊雅典卫城、罗马万神殿以及各种中世纪教堂等宏大建筑,给人以崇高与不可侵犯的感受。

(一)中国古典园林的哲学思想

中国建筑讲求与自然和谐统一的审美理念深深地映射在古典园林建筑中。中国古典园林建筑强调世间万物生命的和谐美,特别重视人居与环境的统一、讲究风水,在造园活动中往往将自然景观与园林建筑融合,即使不能直接实现两者的融合,也会应用借景、框景、漏景等造景方法将其间接表达。故宫后寝的御花园,就巧妙地利用了院外的大树、假山与水池等自然景物,通过"错景"的手法,达到一种"实"与"虚"、"动"与"静"的协调结合,使整个大环境看起来虽由人作,却宛若天开。颐和园从选址开始就体现了山嵌水抱的自然环境,合理顺应万寿山与昆明湖之间的地形地貌进行景物布置与建筑组合,造就了独具特色、丰富多彩的园林景观建筑群。苏州园林以精巧为特点,园林以小院或多重院落构成,空间结构主次分明、疏密有致,回廊、亭榭曲径通幽,细微之处变幻莫测。拙政园采用"疏处可走马,密处不透风"的手法,地形、建筑边界、路径、水系均为分形同构,花木配置以不整形、不对称的自然式为主,园林建筑样式根据地形和设景需要灵活选择,曲径通幽、水陆交错、移步换景,共同构成了中国江南园林独特的风格。

在中国古典美学中,意境是最重要的内容。将写实园林转向写意园林,将园林的空间审美从"画境"升华到"意境",是中国古典园林所独有的特色。在小小庭院中融入微缩的山水意境,也融入了崇尚自由、崇尚自然的精神。园林的布局、立意、选景皆强调虚实结合,文质相副,或追求自然景致,或钟情田园山水,或曲意寄情托志。拙政园中的远香堂,堂北临水为月台,闲立平台隔水眺望东西两山,夏天荷叶满池,清香远溢,故取宋代著名理学家周敦颐《爱莲说》中"远香益清,亭亭净植"之意,题名"远香堂"。在题名的启示下,观者欣赏着满池的荷花,顿觉"出淤泥而不染"的君子品格。这就是园林景象与思想感悟高度融合,产生深远的意境。此外,人工建筑与空间场所常常是意境的点睛之笔,对于建筑与空间场所的重建,就是意境的重现。历史上的重要景观建筑多次损毁后多次重修,即缘于对意境和精神境界的不懈追求。如《岳阳楼记》所记载的"政通人和,百废俱兴。乃重修岳阳楼,增其旧制,刻唐贤今人诗赋于其上",每一次岳阳楼的重修就是"先天下之忧而忧,后天下之乐而乐"的精神延续。我们如今所见到的岳阳楼,已与历史上原有的建筑形制相去甚远,然而建筑形式的一改再改并不影响人们对其价值内核的持续认可。随着时间的延续,建筑形式所承载的越来越多的历史积淀和人文精神使得岳阳楼被不断赋予更高的赞誉,从某种意义上实现了精神上的"永存不灭"。

(二)西方古典园林的哲学思想

西方园林以平直、匀称、规整和主次分明、规模宏大、气势雄伟为美,如开阔平坦的大草坪、巨大的露天运动场,以及宏伟壮丽的高层建筑等。西方园林强调体现几何图形的严谨、理性特征,而平直、空阔、外露等无疑都是深蕴其中的重要特征,其几何式园林也体现了天人对立、天人相分的思维与精神理念,既是人类与自然的对立,也展现了企图征服自然的想法。凡尔赛宫苑以高地上的宫殿为中心,沿东西向的主轴呈中心对称式布局,三条放射性的大道与正门相通,将功能复杂的空间集中于一座建筑,形成以联通的整体建筑为中心的开放布局形式。水池、花草、树木、雕像均修建组合成规则的几何图案，处处显示出人工秩序与理性之美，反映出控制、改造自然和创造明确几何秩序的愿景。可以说，凡尔赛宫苑是以理性思想为导向，打造凸显英雄主义与视觉震撼的人造景观，体现了以人为中心，通过智慧改造自然的造园理念。被誉为凡尔赛宫原型的沃勒维贡特庄园，是法国园林景观建筑的又一个代表性杰作。通过定点透视的方法将几何化的府邸建筑与园林融为一体，府邸建筑严谨对称，正中是椭圆大厅，上方饱满的穹顶，从中引出贯穿全园的中轴线，并从椭圆形广场中放射出数条笔直的林荫大道，几何图案式水池、花坛、绿植等景观呈直线形有序排列。从府邸建筑高处俯瞰全园，高度的统一性和规整性尽收眼底。

第二节 认知差异

当前,国际奉行的对历史文物建筑的修复可以总结为原真性原则,以及由此衍生出的可识别性原则、全面保护原则、原址保护原则、缜密原则、最有必要和最小干预原则以及可逆性原则等。其中,"原真性原则"成为西方建筑遗产保护修复的核心思想。虽然,中西方遗产保护者对此原则基本表示认可,但由于价值认知和哲学思想差异,在具体的技术标准和原真程度的理解上,二者并不一致,由此带来对可识别性原则、最有必要和最小干预原则等认知程度上的差异。

一、文化遗产保护基本原则认知的中西差异

(一)原真性原则

原真性(Authenticity)原则体现在保护原始环境、修复过程中尊重建筑材料与工艺技术的原真性,其词典释义包含真实的(real)、原初的(original)和有价值的(worthy)三种含义。从不同时期发表的国际文件中可以看出,国际文化遗产保护一直强调"原真性"的保护原则。1931年的《雅典宪章》虽未明确提出"原真性"原则,但指出"当由于衰败和破坏使得修复不可避免时,对于任何特定时期的风格,均应当尊重遗迹的历史和艺术的特征"。这说明《雅典宪章》已经强调应保留古迹的原状。1964年,《威尼斯宪章》正式将"原真性"原则引入历史文化遗产保护领域,并提出"将文化遗产真实地、完整地传下去是我们的责任",这成为之后国际文化遗产保护领域共同遵循的基本原则。1979年,世界遗产委员会第一次会议确定,把"原真性"作为世界文化遗产评定的基本标准之一,并多次重申"文化遗产的真实性依然是根本的标准"。此后,《实施〈保护世界文化和自然遗产公约〉的操作指南》中,一直将"原真性"作为世界文化遗产申报最重要的评估标准。随着世界文化遗产事业在全球的推广,"原真性"原则也在世界各国文化遗产保护领域内得到广泛认可与普遍遵循。

"原真性"概念最早起源于欧洲文化遗产保护领域,制定的标准和适用范围主要针对西方石质结构的历史建筑,具有典型的西方文化特征。在全球文化遗产事业迅猛发展的过程中,原真性原则如何更好适应亚洲文化遗产保护及文化景观、文化线路等新型文化遗产的保护,成为遗产保护实践过程中必须解决的难题之一。1994年,在日本古都奈良举办的"与世界遗产公约相关的奈良真实性会议"上,通过了

《奈良真实性文件》。该文件的核心宗旨就是提出文化多样性，"整个世界的文化与遗产多样性对所有人类而言都是一项无可替代的丰富的精神与知识源泉"，应该重视植根于各自文化环境的遗产真实性。《奈良真实性文件》第11条提出："有关文化遗产价值及相关信息可信性的一切判断，在不同文化之间可能是不同的，甚至在统一文化内，也可能不同。因此，不可能依据固定标准进行价值和真实性的基本判断。相反的，为了尊重所有文化，则要求对遗产的特性必须在其所隶属的文化环境中加以思考和评判。"《奈良真实性文件》是一个具有十分重要意义的文件，它发出了亚洲国家关于文化遗产的声音。2001年，联合国教科文组织第31届会议上通过的《世界文化多样性宣言》也提出："文化多样性是人类的共同遗产"，强调要尊重和保护人类文化的多样性。在"文化多样性"理念影响下，各国在文化遗产保护实践中，开始探索物质真实性原则以外的文化遗产内涵，并更加注重对"原真性"进行符合自身文化特性的释义解读，引发基于自身文化特点探索文化遗产保护理论的相关探讨。2007年，东亚地区文物建筑保护理念与实践国际研讨会形成《北京文件》，进一步肯定了《奈良真实性文件》和《世界文化多样性宣言》的相关主张，并提出符合木构建筑遗产保护和维修方面的指导意见。

尽管各国都以"原真性"作为文化遗产保护原则的核心内容，但对于保护的不同方面，原真性的具体内容有所不同。《中国文物古迹保护准则》是中国在积极引进、融合国际保护思想过程中最重要的实践成果之一。在吸收借鉴"原真性"概念的基础上，《中国文物古迹保护准则》提出了不改变原状、真实性、完整性等原则，可以说是对原真性原则的本土传承。其中，《中国文物古迹保护准则》第9条提出，不改变原状是"文物古迹保护的要义。它意味着真实、完整地保护文物古迹在历史过程中形成的价值及其体现这种价值的状态，有效地保护文物古迹的历史、文化环境，并通过保护延续相关的文化传统。"

"不改变原状"是中国文物古迹保护最基本的原则。早在1932年，刘敦桢就指出："延聘专家详订修理方针，以不失原状为第一要义。"1982年出台的《中华人民共和国文物保护法》也强调："对不可移动文物进行修缮、保养、迁移，必须遵守不改变文物原状的原则。"2002年颁布的《中国文物古迹保护准则》则将"不改变文物原状"作为文物古迹保护的首要原则，并进一步阐释："文物古迹的原状是其价值的载体，不改变文物古迹的原状就是对文物古迹价值的保护，是文物古迹保护的基础，也是其他相关原则的基础。"

对于文物古迹的"原状"描述，《中国文物古迹保护准则》列举了以下四种"原状"情况：①实施保护之前的状态；②历史上经过修缮、改建、重建后留存的有价值的状态，以及能够体现重要历史因素的残毁状态；③局部坍塌、掩埋、变形、错置、支撑，但仍保留原构件和原有结构形制，经过修整后恢复的状态；④文物古迹价值中所包含的原有环境状态。此外，《中国文物古迹保护准则》提出在以下三种情况复杂的状态下，应"经过科学鉴别，确定原状内容"：①由于长期无人管理而出现的污渍秽迹，荒芜堆积，不属于文物古迹原状；②历史上多次进行干预后保留至今的各种状态，应详细鉴别论证，确定各个部位和各个构件价值，以确定原状应包含的全部内容；③一处文物古迹中保存有若干时期不同的构件和手法时，经过价值论证，可以根据不同的价值采取不同的措施，使有保存价值的部分都得到保护。

根据《中国文物古迹保护准则》的描述，"不改变文物原状"包括保存现状和恢复原状两方面内容。早在1932年，梁思成在《蓟县独乐寺观音阁山门考》中就确立了"保持现状"和"恢复原状"的修缮原则，并提出"以保存现状为保存古建筑之最良方法，复原部分，非有绝对把握，不易轻易施行"。之后，"不改变文物原状"原则在古建筑保护实践中不断深化完善，为建筑界、保护界广泛认同，并逐渐上升为文物古迹保护的指导性准则（见表2-1）。1961年颁布的《文物保护管理暂行条例》，就明确提出"必须严格遵守恢复原状或者保存现状的原则"。

表2-1 《中国文物古迹保护准则》对"不改变文物原状"的内容界定

保存现状	必须保存现状的对象有： 1. 古遗址，特别是尚留有较多人类活动遗迹的地面遗存； 2. 文物古迹群体的布局； 3. 文物古迹群中不同时期有价值的各个单体； 4. 文物古迹中不同时期有价值的各种构件和工艺手法； 5. 独立的和附属于建筑的艺术品的现存状态； 6. 经过重大自然灾害后遗留下有研究价值的残损状态； 7. 在重大历史事件中被损坏后有纪念价值的残损状态； 8. 没有重大变化的历史环境
恢复原状	可以恢复原状的对象有： 1. 坍塌、掩埋、污损、荒芜以前的状态； 2. 变形、错置、支撑以前的状态； 3. 有实物遗存足以证明原状的少量的缺失部分； 4. 虽无实物遗存，但经过科学考证和同期同类实物比较，可以确认为原状的少量缺失的和改变过的构件； 5. 经鉴别论证，去除后代修缮中无保留价值的部分，恢复到一定历史时期的状态； 6. 能够体现文物古迹价值的历史环境

由于对"原状"的理解不同，而且绝大部分文物古迹在其构建之后，都经过了漫长的历史，多有修缮、重修或重建，留下各个时期的痕迹，故而在具体的保护实践中大体有以下三种做法。

（1）原状即为初建状态。如1955年在对正定转轮藏殿修缮中，梁思成就积极支持拆去清式腰檐，恢复宋式。1970年在五台山南禅寺大殿大修工程中，也以恢复至唐建中三年的原状为目标，在修缮过程中将"是否为唐代原物"和"是否有损大殿风格统一"作为去除后世改动处的重要依据。1983年浙江松阳延庆寺塔大修，也是力求恢复初建时的宋代风格。1989年河北正定开元寺钟楼大修，将半唐半清风格恢复成统一的唐代风格。1999年启动的杭州胡雪岩故居修复，也按"原样、原结构、原营造工艺、原使用材料的要求"，恢复到清朝同治年间初建的原状。

【案例】1955年正定转轮藏殿修缮

转轮藏殿位于河北省正定县兴隆寺内，是一座两层的楼阁式建筑，一层前檐有副阶，一、二层中间有腰檐。在20世纪30年代，营造学社勘测时，初步判断其主体结构为宋式，腰檐为清代所加。因此，在转轮藏殿修缮工程中，就采取了拆去腰檐，恢复至宋代样式的方式。

【案例】1970年五台山南禅寺大殿大修工程

南禅寺大殿位于山西省五台县，始建年代不详，重建于唐建中三年（782年），宋、明、清时期多次修葺。南禅寺大殿修缮工程确定采用旧料加固和恢复原状的方式：主体结构不得随意变更，梁枋、斗拱等主要构件尽量保留利用原有旧料，通过加固的方式加强旧有构建的负重能力。同时，保留殿内的唐代油饰，月台、檐出、门窗、油漆等参考敦煌壁画、西安大雁塔门楣线刻佛殿、陕西乾县唐懿德太子墓唐代画阙楼、《营造法式》等材料恢复原状，而宋代所加瓜柱与驼峰、清代所绘前檐彩画均拆除，以求最大限度地保持唐代原状。

【案例】1983年浙江松阳延庆寺塔大修

浙江松阳延庆寺塔建于宋代，修缮前原副阶不存，各层瓦面不存，所剩者为砖砌塔身及各层檐下斗拱。修缮依照塔身现存信息、相同时代地域的相近建筑及《营造法式》，添加两层檐的副阶及各层屋面，恢复宋代风格。

【案例】1989年河北正定开元寺钟楼大修

正定开元寺钟楼公认为建于唐代，为两层阁楼式建筑。现存钟楼下层为唐代遗构，下檐在后世改动时被锯短；上层为清代修缮时修改，呈现清式风格。大修以恢复唐代风格为原则，将上层的清式构建移除，根据下层的结构、形制、用材及加工手法等，对大木构件进行研究复原。屋面复原中以正定附近唐墓出土的瓦当、滴水为依据，同时参考南禅寺、佛光寺等唐构做法。下檐则以现存唐代建筑、《营造法式》等为参考，恢复唐建应有的深远出檐。

（2）以该建筑"某个历史时期的建筑形态特征"为原状。如始于2002年的故宫大修工程，这是1911年辛亥革命以来对故宫进行的规模最大的一次维修。康乾时期是故宫历史上原状最佳的时期，且明永乐创建时期的原状建筑物大部不存或改观，难以以之作为原状来保护，故提出整体保护故宫原有的格局、内外部环境和古建筑，恢复故宫"康乾盛世"的面貌。又如，20世纪80年代初，西安市委、市政府和广大市民齐心协力对西安明城墙进行大规模的维修、保护，直到2004年才将城墙修复完整如初。

【案例】西安明城墙修复

西安城墙修建于公元528年，此后历朝历代都对其进行过多次修葺，是中国现存历史最悠久、规模最大、保存最完整的古代城垣。明代修复城墙时，将城墙外壁和顶面砌了青砖，使土城第一次变成砖城。晚清民国以后，西安城墙历经多次破坏，到20世纪80年代时，已经残破不堪。1982年，西安环城建设委员会正式启动城墙保护与修复工程。通过墙体包砖、补砌等方式对城墙进行修复加固，并采用墙体钢筋混凝土框架结构、外包城砖的方式重建永宁门月城，修复多处断裂的城墙缺口。直到2004年，西安城墙火车站段连接工程顺利合龙，终于恢复了城墙的完整格局与历史风貌。

（3）视"原状"为"原真"现状保存。修复古建筑时，不仅肯定"现状建筑形态特征"，还肯定"现状中所表达出来的所有历史信息、历史的氛围"。如1952年，刘致平拟定的赵州桥修缮方案中，就建议以"极力保持赵州桥桥的旧观"为主旨，只将风化残毁非常严重的石块更换为新的石料，且仍采用原桥的旧技术。1988年修缮宁波鼓楼时，也保留了民国时期在歇山顶中央加建的西式钟楼。1990年天津蓟县独乐寺观音阁修缮时，传统做法中的"风格统一"已不是主要问题，而是在清除病害之余，基本保持现状，其整体依旧保持修缮前各时代混杂的风格。北京故宫大修工程中武英殿，面对民国时期的改建，由于不是破坏性改动，为尽量保存各历史阶段的历史痕迹，也采取了"现状保护"的方式。比如，民国时加建的暖风阁被保留下来，工字廊的木结构依然还是民国时期的人字梁，而十几扇为采光开凿的"老虎窗"也在外面添加了木制的菱花窗，保留了民国古物陈列所的"遗迹"。

【案例】1990年天津蓟县独乐寺观音阁修缮

天津蓟县独乐寺观音阁总体保留唐、辽风格，后代多有修缮，清代修改较多，屋呈现清代蓟县地方风格。在修缮过程中，没有因屋面与阁身唐辽风格不合而更换屋顶，对于部分构件具有历史价值的歪闪、离位状态，尽量保持现状，不因其风格或视觉效果问题进行复位，而是强调各时代修缮所体现的风格特征，历次修缮留下的痕迹也尽量保留，作为"历程价值"的一部分进行保护和展示。

上述三种不同理解中，（3）最为接近国际主流的原真性原则的界定，然而在实际操作中，前两种理解也各有其存在的理由，并为遗产保护界所认可。总体上说，以上修缮工程不仅反映了我国文物古迹保护理念和实践从以恢复原状为最高目标到以最大限度保留历史信息为出发点的过程，也反映了我国对《威尼斯宪章》为代表的"原真性"国际保护理念引进、吸收的过程。

（二）衍生原则

1. 可识别原则

可识别原则，是指保持文化遗产的历史纯洁性，为修缮和加固所添加的物件须与整体和谐，但又须与原有部分明显区别，让人可以识别并区分真假的原则。《威尼斯宪章》第9条提出："任何一点不可避免的增添部分都必须跟原来的建筑外观明显地区别开来，并且要看得出当代的东西。"第12条又强调："补足缺失的部分，必须保持整体的和谐一致，但在同时，又必须使补足的部分跟原来部分明显地区别，防止补足部分使原有的艺术和历史见证失去真实性。"意大利在对罗马大角斗场进行修复时，采用了各种方法以实现对历史信息的"时阶式"表达。在加固过程中，为区别于原来的灰白色石灰石，加固砌筑的部分一律用红砖。提图斯凯旋门的修复，也采取了编号拆解再重新砌筑的方式，且使用凝灰石新建大量遗失的部分，但省略了复杂的装饰，从而达到既与原件相区别，又保持相对协调的可识别目的。对有些因战争或地震倒坍了的文物建筑进行"复原"修复，也需在原来的断壁残垣上沿加一个紫铜带，两侧略略挑出，或有明显区别的材料沿界砌一条虚线，从而强调历史的可读性。波兰华沙老城重建时，每幢重建的建筑上都有明确的重建标识牌，标明重建部分已非原物。

【案例】19世纪意大利罗马大角斗场修复

在修复意大利角斗场的过程中，考虑到要对建筑物进行固化和强化处理，然而，支撑毁坏部分的墙壁势必是用眼睛可以看得到的，常规修复就会不可避免地导致建筑物出现新的表象，因此，最后采取了退而求其次的妥协措施，即采用与原材料不同的材料来进行修复以便区别出原品部分与被修复的附加部分。这种做法在19世纪罗马很多古迹修复中被采纳。

当前，可识别原则已经被写入许多国际保护文件中。《中国文物古迹保护准则》第10条在阐释"真实性"的内容时，也强调"文物古迹经过修补、修复的部分应当可识别。"然而，在实际工作中，可识别原则一直存在争议。例如，对于我国木结构建筑体系的某些工艺特征和文化审美，泾渭分明的可识别性就受到了挑战。如在对传统民居门窗木构件的修补部分采取不经油饰或清漆留白的处理方式进行区隔，但在具体措施和最终效果上并未令人满意。有争议者认为，彩画的修复只有两种可能，即完全不做修复或全部重饰。由于油饰彩画具有保护其所附着构件的功能，"重新进行油饰彩画"的干预方式本身就是古建筑传统的保护方式，尽管难以达到可识别的效果，但却是遗产原真性的体现。此外，在对青铜器、壁画、书画等遗产的保护与修复中，可识别性原则同样存在很大的争议。对于文化遗产保护如何实现可识别、在多大程度上实现可识别，难以照搬西方的具体做法，尚在不断的探索实践中。由此可见，在可识别原则上，中国人喜欢藏而不露，主张和谐而含蓄的可识别；西方人则喜欢泾渭分明，主张强烈而明显的可识别，二者的认知存在一定差异。

2.最有必要和最小干预原则

最有必要和最小干预原则指最大限度保存文化遗产原存部分，尽量避免添加和拆除，但其中最大限度的"限度"是难以订立评价标准的。早在1943年，《雅典宪章》修订时就提出"借着美学的名义在历史地区建造旧形制的新建筑，这种做法有百害而无一利，应及时制止"。《威尼斯宪章》第13条规定："任何添加均不允许，除非它们不至于贬低该建筑物的有趣部分、传统环境、布局平衡及其与周围环境的关系。"第15条又强调："对任何重建都应事先予以制止，只允许重修，也就是说把现存但已解体的部分重新组合。"在具体的遗产保护实践中，"重建"是遗产保护领域争议较多的问题，西方对遗产重建多持否定和谨慎的态度，一般建议已毁的建筑进行"遗址展示"。《实施〈保护世界文化和自然遗产公约〉的操作指南》第86条也规定："在真实性问题上，考古遗址或历史建筑及地区的重建只有在极个别的情况下才予以考虑。只有依据完整且翔实的记载，不存在任何想象而进行的重建，才会被接纳。"西方主要为砖石建筑，尽可能减少干预的现状保存依然可以达到展示遗址、保留历史信息的目的。例如，希腊的雅典、意大利的罗马，以台阶、柱子、柱础等构成的遗址主体随处可见。

在中国，原址重建尽管是特殊情况但却是被允许的。《中国文物古迹保护准则》第33条规定："原址重建是保护工程中极特殊的个别措施。核准在原址重建时，首先应保护现存遗址不受损伤，重建应有直接的证据，不允许违背形式和原格局的主观设计。"与西方文物建筑大多独立形制不同，我国历史建筑多以院落形式存在，如其中某一建筑损毁，势必影响整个建筑集合的完整性，因此，需要进行有必要的重建工作。例如，故宫大修工程从故宫整体风貌的完整性考虑，就依据现存台基遗址和照片等档案资料，对民国时期毁于大火的建福宫花园进行了复建。中国的十大历史文化名楼中，始建于三国时期的岳阳楼，现存建筑为清光绪年间（1880年）建成；宋嘉佑年间（1061年）建成的蓬莱阁，现存建筑为明清时期建成；黄鹤楼、滕王阁、鹳雀楼等更早时期建成的名楼，现存建筑是20世纪80年代后重新修建的。由此可见，在最有必要和最小干预原则的认知上，中国人重视完整性、习惯干预、倾向重建或恢复原状；而西方人重视真实性、避免干预、反对重建并注重现状。

【名物疏解】文化遗产保护中的"重建""重修""修复"

近年来，对于文物古迹的重建与修复，在国际、国内都得到了特别的关注与讨论。特别是20世纪90年代以来，由于自然灾害和战争等破坏行为造成的文化遗产的破坏，以及在这些遗产被破坏之后，人们的修复和重建活动，引发了文化遗产保护界对文物古迹重建与修复问题的讨论。

关于重建（reconstruction）、重修（anastylosis）与修复（restoration）的明确定义，在《雅典宪章》与《威尼斯宪章》中已经有清晰的术语区分。《雅典宪章》第6条将"重修"定义为："对废墟遗址要小心谨慎地进行保护，必须尽可能地将找到的原物碎片进行修复，此做法称为原物归位。为了这一目的所使用的新材料必须是可识别的。"《威尼斯宪章》第9条这样描述"修复"："修复过程是一个高度专业性的工作。其目的旨在保存和展示古迹的美学与历史价值，并以尊重原始材料和确凿文献为依据。一旦出现臆测，必须立即予以停止。此外，即使如此，任何不可避免的添加都必须与该建筑的构成有所区别，并且必须要有现代标记。无论在什么情况下，修复之前及之后必须对古迹进行考古及历史研究。"第13条又提到："对任何重建都应事先予以制止，只允许重修，也就是说，把现存但已解体的部分重新组合。所用粘接材料应永远可以辨别，并应尽量少用，只需确保古迹的保护和其形状的恢复之用便可。"

根据《雅典宪章》与《威尼斯宪章》的表述，重建是指原有建筑已毁，且全部或绝大部分构件已不存在，无法实施修复措施的建筑物以其原有的名称，采取同样的式样，在原来所在地点进行的重新建造活动。重建不同于复位散乱构件，修补、加固依然存在的建筑物的修复工作，也不同于把现存但已解体的部分重新组合的重修工作。基于这样的前提，文化遗产保护实践中所涉及的由于自然灾害、战争等破坏后的文物古迹抢救，在多数情况下应当属于修复。

二、中西方文化遗产保护原则认知差异的原因

（一）中西方建筑体系特征不同

砖木、土木结构是中国古代建筑的主体。砖木、土木结构建筑体系具有相当灵活的调节机制，能够在统一的构筑体系中，针对不同地区的自然条件，进行灵活的调节，形成多元的构筑形态和有机的建筑形象。中国古代官式建筑多为木构建筑，民居、城墙、堤坝多为生土建筑，二者相对西方石质建筑结构来说都易受损，在强度和耐久性上都要差一些。此外，构件的榫卯连接也降低了结点处的强度。因此，对砖木、土木结构建筑而言，造成破坏的原因有屋顶渗漏、基础非均匀沉降、长期荷载作用，以及地震、虫蛀、风化、水土流失等自然灾害。而单体木构建筑框架结构的整体性，可能导致局部受损而残留部分无法再利用，需要推倒后整体重建，因此经常性的维修和对毁损构件的替换是必不可少的。木构古建筑的维修周期为20~50年，不定期的损毁与重建的循环也使民众心理上习惯性接受重建。即便是生土建筑材料损坏后的维护方式，也通常是补充新的填充材料，并尽量使新旧材料混成一体达到加固的效果。这种方式与现代西方文化遗产保护理念中的可识别性原则互为矛盾。

梁思成先生在论及中国传统建筑的思想文化时，提出中国人"不求原物长存之观念"。他指出，"盖中国自始即未有如古埃及刻意求永久不灭之工程，欲以人工与自然物体竞久存之实，且既安于新陈代谢之理，以自然生灭为定律，视建筑且如

被服舆马，时得而更换之。"也就是说，中国人自古不求建筑之久存，认为用泥土和树木建造而成的建筑是有生命、充满活力的，是天人合一的体现。因此，中国传统建筑没有在材料上表现出抵御自然力的消蚀作用，而是采取认可和适应的态度。在文物建筑的保护上，中国也重在强调建筑物整体风格与象征意义的传承。

西方国家古建筑基本上是石质结构，其所使用的花岗岩、大理石等材料具有坚固、不易风化和受生物侵蚀的性质，石材防火性能好，即便受破坏垮塌后构件保存完整性高，需重建时尚存的构件可使用率高。如古希腊、古罗马时期的一些神庙、宫殿，虽历经千年，饱经风雨，但其主体轮廓依然保持至今。这是因为即便建筑几经损毁，但在重建过程中，只需要通过复制补充遗失的构件即可按照原样重新搭建，其原有构件的使用保证了重建后的原真性，这与木构建筑的重建形成巨大反差。因此，西方建筑没有形成采用新材料完全重新建造古建筑的心理习惯。同时，这种原有构件与新增构件混合重建但可区分的方式也促成了现代西方文物保护理念中的可识别性原则。

正是看到这种差异的存在，尤其是源自西方的文化遗产保护思想日益受到多元文化的冲击，尤其当文化遗产保护的主流思想由欧洲扩展到东方，与中国传统文化理念、木结构建筑的保护实践产生矛盾时，文化遗产保护思想的演变与发展已成必然。1994年的《奈良真实性文件》对西方文化遗产保护思想提出挑战，认为文化遗产的原真性检验，要充分尊重所有文化的社会价值观和文化价值观。2007年，在中国举办的"东亚文物建筑保护理念与实践国际研讨会"上，探讨了亚洲地区文化遗产的突出普遍价值、真实性与完整性以及国际普适的保护准则在东亚地区的适用性等重大课题，围绕《实施〈保护世界文化和自然遗产公约〉的操作指南》的"真实性检验"形成了一定的共识，各方认为"真实性"应充分考虑文化多样性。研讨会形成的《北京文件》可以说是《奈良真实性文件》的延续与深化。时至今日，关于国际文化遗产保护理念如何更好地适应中国文化遗产保护实践的探索依然在进行中，并且在理论体系方面有待创新与发展。可以预见，在构建中国特色文化遗产保护体系的道路上，我们还有很长的路要走。

（二）中西方遗产保护历程不同

西方近现代文物保护和修复观念的形成，始于18世纪90年代的法国大革命期间，后经英国保护学派和意大利保护学派进行了发展和完善。早在古罗马和文艺复兴时期，西方就已经有了对文物建筑保护的实例，如圣彼得大教堂历时120年的重建工程。特别是文艺复兴以来，人们逐渐意识到古建筑的历史文化地位，开始关注古建筑的艺术价值，而不仅仅考虑其实用价值。1792年法国大革命以后，法国国家委员会没收了国王、修道院和许多贵族的财产，文物遗产被收归国有，并出台了文物遗产保护的相关措施，成立了第一个法国建筑遗迹博物馆，并实施了圣丹尼大教堂、维泽勒大教堂等一批保护项目。

【案例】圣彼得大教堂重建工程

圣彼得大教堂又称圣伯多禄大教堂、梵蒂冈大殿，是欧洲天主教徒的朝圣地与梵蒂冈罗马教皇的教廷，也是世界五大教堂之首。公元4世纪，君士坦丁大帝将基督教定为国教，为了纪念在罗马西北角殉难的耶稣门徒圣彼得，就在其墓地上修建了一座长方形大教堂，史称"老圣彼得大教堂"。这座老教堂经历了上千年的风雨侵蚀、战火兵燹，加上年久失修，早已破败不堪。到16世纪初，宗教改革运动席卷欧洲，教皇尤利亚二世主张以宗教来统一意大利。为显示教皇权威，尤利亚二世决定将教堂完全推倒进行重建。工程从1506年开始，历经不少的曲折和反复，到1626年主体工程方告完工。在长达120年的重建过程中，达·芬奇、米开朗基罗、拉斐尔等文艺复兴巨匠都参与了教堂的设计与建造。圣彼得大教堂的建筑风格具有明显的文艺复兴时期提倡的古典主义形式，主要特征是罗马式的圆顶穹窿和希腊式的石柱式及平的过梁相结合，可以说是文艺复兴时代建筑风格的伟大纪念碑。

18世纪下半叶，以国家为主体，由社会精英、知识分子推动的历史文化遗产保护事业逐渐在英国、意大利等欧洲国家拉开帷幕。强调文物建筑历史价值学派的影响越来越广泛，人们出于对中世纪哥特式建筑的兴趣，开始了相当随意的第一批修复工程，例如根据自己的想象给建筑物新加上塔楼、尖顶等哥特式建筑特色的构件。此后，维欧勒·勒·杜克提出了一套较完整的"风格性修复"理论。到19世纪下半叶，法国以杜克为首的"风格性修复"与英国以拉斯金为首的"反修复理念"进行了激烈的争论。以"反映文物建筑历史真实性"的"反修复理念"最终得到英国民众认可，同时也被欧洲大陆其他国家所借鉴。这直接影响了20世纪建筑保护理论的发展方向。

【名物疏解】哥特式建筑

哥特式建筑是一种欧洲兴盛于中世纪高峰和末期的建筑风格，由罗马式建筑发展而来，为文艺复兴建筑所继承。哥特式建筑发源于12世纪的法国，持续至16

世纪。在经过几个世纪的沉寂后，18世纪末又在英国重新焕发生机。哥特式建筑的典型风格就是高耸入云的尖顶及窗户上巨大斑斓的玻璃画。最富盛名的哥特式建筑有俄罗斯圣母大教堂、意大利米兰大教堂、德国科隆大教堂、英国威斯敏斯特大教堂、法国巴黎圣母院等。

【名物疏解】风格性修复

"风格性修复"是指法国建筑师与理论家维欧勒·勒·杜克在1844年为巴黎圣母院进行修复设计时，提出的关于"整体修复"的"风格性修复"理论。维欧勒·勒·杜克认为，修复一幢建筑不是保存、整修或重建，而是"将一座建筑恢复到过去任何时候可能都不曾存在过的完整状态"。

巴黎圣母院坐落于巴黎市中心塞纳河畔的西岱岛上。古罗马人在这里建造了神庙。528年，这里建起了圣特埃努教堂。1163年，巴黎大主教莫里斯·德·苏利开始兴建圣母院，直到1345年才全部建成，历时182年。到了18世纪，巴黎圣母院大教堂历经数次变迁，特别是在法国大革命期间遭到蓄意破坏，已经变得面目全非。1845—1864年，维欧勒·勒·杜克主持了巴黎圣母院的修复，在长达20年的时间里展开了大刀阔斧的修缮工作。在仔细研究了13世纪的遗迹之后，维欧勒·勒·杜克通过历史分析方法推断出巴黎圣母院原初的格局，并以结构分析法制定了复原计划，其中包括必要的改动与加固措施。最后，从建筑分析出发，他又对圣母院外轮廓进行整体考虑，认为有必要把尖塔适度提高13米。

按照维欧勒·勒·杜克的说法，修复必须忠实于原状，一座建筑及其局部的修复应保持原有风格，不仅在外表形式，而且在结构上也必须如此。在修复前，一定要确切查明每个部分的年代和特点，并以此为依据拟定逐项修复计划。然而，维欧勒·勒·杜克过分强调了恢复原状和风格统一，强调的"原状"只是他自我观念中的"理想图示"，受到个人理想及好恶取向的严重歪曲。他甚至认为可根据这种理想图示对建筑遗产进行加工和提高，以达到理想图示中的"原貌"。特别是后来，随着中世纪历史和考古知识的增加，建筑师们更加相信自己的能力，把自己同原来的建筑师混同起来，完全随意地处理建筑遗产，这实际上是用"创作"替代了"修复"。综上所述，"风格性修复"不仅主导了法国早期的建筑遗产修复，在19世纪后半叶流行于欧洲各国，影响欧洲几乎长达一个世纪。

【名物疏解】反修复理念

反修复理念兴起于19世纪70年代，即反对将历史建筑或文物古迹修复至完整状态，这是对文艺复兴以来基于重建、改建或风格式修复为主导的历史建筑保护实践的反思。反修复理念认为，建筑没有必要进行严格修复，不能破坏建筑的历史真实性，任何试图恢复过去风格的做法注定失败。英国艺术批评家约翰·拉斯金是反修复理念的首要领导者，他抨击并反对任何形式的修复，坚持绝对保持历史建筑物的真实性。约翰·拉斯金认为，即便是用某一特定的历史时期的方法"忠实地"修复一座历史建筑，也意味着用新材料复制古老的架构，这必然会破坏其独特性与真实性，也抹去了岁月与历史的印痕，这种破坏甚至比让它最终坍塌成为一堆尘埃更彻底、更残忍。举个例子，就好比我们能从尼尼微废墟中获得的信息，无论如何都远比从重建之后的米兰城中所能获取的要多。

进入20世纪后，对历史价值的保护已经成为文化遗产保护工作的主要方向，《雅典宪章》与《威尼斯宪章》均体现了这一点。在历经前后两百年时间后，西方社会逐渐完善了对历史文化遗产的价值认知。针对文物古迹的历史价值进行相关历史信息保护的思想构成了西方文化遗产保护的基本准则。随着世界文化遗产保护运动的不断发展，文化遗产保护的国际理念也在不断丰富和发展。《威尼斯宪章》之后，联合国教科文组织、国际古迹遗址理事会等先后提出了《保护世界文化和自然遗产公约》（1972）、《佛罗伦萨宪章》（1982）、《华盛顿宪章》（1987）、《考古遗产保护与管理宪章》（1990）、《奈良真实性文件》（1994）、《木结构文物建筑保护标准》（1999）、《关于乡土建筑遗产的宪章》（1999）、《国际文化旅游宪章（第8稿）》（1999）、《西安宣言》（2005）、《魁北克宪章》（2008）以及《塞拉莱建议》（2015）等一系列国际保护文件，并通过国际古迹遗址理事会各专业委员会（如木质文物国际委员会、石质文物国际文员会）和各国家委员会的实践与发展，使之变得更有广泛的适用性和可操作性，最终形成一个完整系统性的文化遗产保护理论体系。从20世纪60年代的《威尼斯宪章》到2015年的《塞拉莱建议》，每一个文件都是对文化遗产保护内涵的一次补充和发展，这不仅反映了人们对文化遗产保护的新认识和世界范围内文化遗产保护体系的发展，还逐步形成了以西方文化遗产保护理论、方法为基础的世界性文化遗产保护发展体系（见图2-1）。

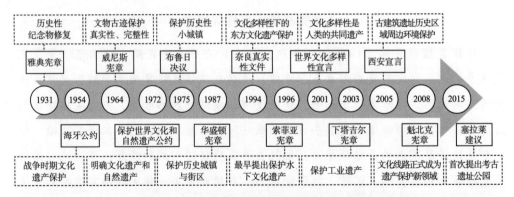

图2-1 国际文化遗产保护理论体系的形成

与西方相比,我国遗产保护工作起步晚了近百年,尽管也在古建筑保护中提到维修与利废,但基本与西方早期认知相似,仅限于功能上的考量。直至20世纪初期,随着营造学社的建立,我国现代文物保护理念始见端倪。新中国成立以后,文物建筑保护理论与管理体系逐步建立,到20世纪80年代才迎来文化遗产保护理论与方法的发展。西方国家的现代化是在资本主义社会生产力充分发展的前提下,使传统和现代之间保持了较多的历史延续性,各种社会问题、城市化进程使文化遗产遭到破坏的同时,促使国民保护意识逐渐增强。而我国现代化属于外缘式现代化,文化遗产在经济和精神领域的重要价值还未得到与之相应的重视和认同。因此,深刻认识和准确把握中西方文化遗产保护理念的差异及原因,有助于中国特色文化遗产保护发展体系的理论建构(见表2-2)。

表2-2 文化遗产保护的重要宪章与国际文件

时 间	文件名	保护内容
1931	《关于历史性纪念物修复的雅典宪章》(《雅典宪章》)	保护历史纪念物
1964	《关于古迹遗址保护与修复的国际宪章》(《威尼斯宪章》)	保护文物建筑及历史地段
1972	《保护世界文化和自然遗产公约》	保护具有普遍价值的人类共同遗产
1975	《关于历史性小城镇保护的国际研讨会的决议》	保护历史性小城镇
1976	《关于历史地区的保护及其当代作用的建议》(《内罗毕建议》)	保护历史街区
1977	《马丘比丘宪章》	历史街区改造更新
1982	《佛罗伦萨宪章》	保护历史园林与景观
1987	《保护历史城镇与城区宪章》(《华盛顿宪章》)	保护历史城镇与历史地区
1990	《考古遗产保护与管理宪章》	保护考古遗产
1992	《实施〈保护世界文化和自然遗产公约〉的操作指南》(1992版)	新增文化景观

续　表

时间	文件名	保护内容
1994	《奈良真实性文件》	关于东方木结构文化遗产原真性的概念评估
1999	《关于乡土建筑遗产的宪章》	保护乡土建筑
1999	《国际文化旅游宪章（重要文化古迹遗址旅游管理原则和指南）》	文化古迹遗址旅游
1999	《木结构遗产保护准则》	保护木结构遗产
2001	《保护水下文化遗产公约》	保护水下文化遗产
2003	《保护非物质文化遗产公约》	保护非物质文化遗产
2003	《关于工业遗产的下塔吉尔宪章》	保护工业遗产
2005	《西安宣言》	保护古建筑遗址历史区域周边环境
2005	《实施〈保护世界文化和自然遗产公约〉的操作指南》（2005版）	新增遗产运河和遗产线路
2008	《文化线路宪章》（《魁北克宪章》）	保护文化线路
2015	《塞拉莱建议》	考古遗址公园

课后思考题

1. 中西方文化遗产保护理念的差异及其原因是什么？
2. 中西方审美崇尚的主要差异体现在哪些方面？
3. 中西方价值取向的差异及其原因是什么？
4. 如何看待文化遗产保护中的"重建"问题？

第三章 构建中国文化遗产保护发展体系的必要性和重要性

第一节 中国文化遗产保护发展存在的主要问题

长期以来，学界同仁及文化遗产爱好者不断从法律法规、体制机制、经费投入、人才队伍以及舆论宣传等方面研究梳理、归纳总结中国文化遗产保护发展存在的相关问题，概括起来，主要存在保护意识比较薄弱、法律法规不够健全完善、法制意识薄弱、保护管理体制不健全、宣传教育工作不到位以及保护经费短缺等问题。运用历史的、发展的观点来看，以上这些不是目前中国文化遗产保护发展存在的主要问题，而且从纵向对比的角度来说，有些反而是当今中国文化遗产保护发展所取得的成绩与进步。比如，当前中国人的文化遗产保护意识、国家和地方文化遗产保护法律规章的制定修订、国家各级财政对文化遗产保护经费的投入等方面，无疑均为历史上的最好时期和最好状态。

探讨中国文化遗产保护发展存在的主要问题，首先要运用历史的、发展的观点来看待，这是因为在分析任何一个社会问题时，马克思主义理论的绝对要求，就是要把问题提到一定的历史范围内。任何一种文化现象都必须和它并存的社会、政治、经济诸因素放在一起来分析。其次，要把文化遗产保护的实际成效作为评判的主要标准，这是因为有问题还是没问题，问题大还是问题小，都应由成效说了算。第三，要看文化遗产资源在促进经济社会发展中的作用发挥得如何，亦即文化遗产的时代价值彰显得如何。这是因为从文化遗产的时代价值来说，一个民族的文化遗产作为该民族在生产生活中聪明才智的体现和劳动的结晶，总是为孕育产生它的那个时代和保护传承它的不同历史时期的社会发展、文明进步服务的。换言之，每个时代的人们保护发展文化遗产都在传承弘扬民族优秀传统文化的同时，肩负着推动该时代经济社会发展的历史使命。基于以上三方面的考虑，笔者认为，当前中国文化遗产保护发展存在以下三方面的主要问题。

一、文化遗产受损现象时有发生

(一)本体丢失

文化遗产是长期历史积累中,由特定历史时期的社会、经济、文化和技术等多方面因素共同作用而形成的。由于时间的不可逆性,文化遗产从时间意义上具有稀缺性。任何一种文化遗产被毁坏,都不可能再生。然而,由于人为或自然的破坏,许多文化遗产的本体,在整体或局部上遭受损害,并没有做到能保则保,应保尽保。始于2007年的第三次全国文物普查结果显示,截至2011年,全国大约有4.4万处不可移动文物登记消失,年均消失约2 000处。长城由于自然侵蚀、人为损害和管理不善等众多因素影响,古长城遭到严重破坏,墙体只有8.2%保存状况较为良好,74.1%的保存状况较差,而整个古长城的30%已经消失。此外,可移动文物保护也面临严峻的形势。《第一次全国可移动文物普查数据公报》显示,2012年至2016年普查全国可移动文物共计超过1.08亿件/套。其中,完整保存占24%,基本完整占60%,残缺占14%,严重残缺占2%。也就是说,全国76%的馆藏文物均存在不同程度的残损。

传统村落蕴藏着丰富的历史信息和文化景观,是中国农耕文明留下的最大遗产,也正以每天1.6个的速度消失,亟待加强保护。非物质文化遗产的处境更为艰难,许多传统技艺面临着消失、遗忘、割裂的困境。据不完全统计,20世纪50年代,全国有戏曲剧种368个,目前仅有267个,其中60多个现有剧种没有保存音像资料。正如冯骥才先生所言,民间文化的传承人每分钟都在逝去,民间文化每一分钟都在消亡。

自20世纪80年代开始,随着经济发展和城镇化步伐的加快,大量的历史文化建筑被拆除,造成难以挽回的损失。时至今日,在一些基层文物保护单位,依然存在文物保护让步于城市经济建设的现象,甚至出现"破坏性修复"的现象。2013年,辽宁省级文物保护单位云接寺内保存的清代壁画被重绘成"现代动画",这不仅对这座清代寺庙建筑造成严重破坏,也影响了全国重点文物保护单位云接寺辽代佛塔的真实性与完整性。

历史文化名城名镇名村也存在破坏文化遗产本体的现象。2017年,中华人民共和国住房和城乡建设部、国家文物局组织开展了关于国家历史文化名城和中国历史文化名镇名村保护工作评估检查。2019年,两部门联合发布"关于历史文化名城名镇名村保护工作评估",对评估检查结果进行通报,并指出当前历史文化名城名镇保护实践仍存在以下四方面问题:①大拆大建造成建设性破坏。一些城市简单套用大拆快建的新城建设方法，通过搬空古城内大部分居民、拆平历史文化街区进行房地产开发。有的城市为拓宽道路，简单粗暴地拆除历史文化街区和历史建筑。②历史欠账多、长期投入不足。部分城市重前期申报、轻后期维护，对于历史文化街区和历史建筑长期不管不顾，甚至弃之不管任其衰败，既危及群众生命安全，又造成历史遗存不断消失。③造假古董破坏真实历史信息。部分城市在缺乏历史档案的情况下，真假不分，花巨资大量复建城墙，在古城内建假古街，造仿古楼，用假古董破坏真古董，毁掉珍贵的文物和历史建筑。④缺乏整体保护的意识和手段。部分城市只重视单体建筑保护，忽略对建筑周边环境的保护，使文物古迹成了"盆景"；有的城市只重视街区保护，忽略对老城整体格局、风貌的保护；一些城市只重视对重要价值遗存的保护，忽略对一般价值建筑、构筑物的保留利用。

（二）环境丧失

文化遗产周边环境与遗产本身唇齿相依，是遗产存在的重要支撑和其价值的重要体现。近年来，随着社会经济的快速发展和城镇化步伐的不断加快，许多文化遗产的周边环境和遗产空间遭到程度不等的历史破坏。例如，登上西安大雁塔，已看不见曲江池的迤逦景色；唐代长安城的最高点乐游原，被城市建设蚕食的面积越来越小，使依存于它的青龙寺难以再现昔日巍峨壮观的盛景。全国重点文物保护单位曾国藩墓也曾遭到严重损毁，由一个本应该以文化保护为主的重要历史遗迹保护区，变成了一片以经济目的为主的开发区，墓园年久失修、残破不堪，大规模开发建设也将原有历史风貌与田园风光破坏殆尽。

【案例】韩城古城破坏山水格局

韩城古城建于隋朝，距今已有1500年历史，面积约0.8平方千米，南北长达千米，东西800余米，大小街巷70多条，保存着唐、宋、元、明、清时期的70多栋古建筑和770多栋古民居、商铺。目前，以贯通南北的明清大街为中轴线，古城东部现存有文庙、城隍庙、九廊庙等，西部现存有县衙大堂、龙门书院、状元祠堂等，特别是文庙、城隍庙、东营庙连为一片，长达700多米，古建筑数量多、规模大、类型多样，具有极高的文化价值。

20世纪80年代初，韩城开始建设新城，使新老城区分开，以一条坡道相连，对于完整保护古城发挥了非常积极的作用。在1988年编制的《韩城市历史名城保护规划》中也明确提出，要加强文庙、城隍庙等唐、宋、元、明、清古建筑"一条龙"的街巷格局保护,加强明清古街道、古建筑与四合院民居等的整体保护。然而,在城市化快速发展的背景下,随着城市中心的北迁,韩城老城逐渐空心化、边缘化,也没有对古城保护再有创新性的措施,反而造成一系列负面的影响,引起了社会对韩城古城保护的广泛关注。

2011年,韩城市在开发"史记韩城·风追司马"文化旅游景区的工程中,对古城东北角地区进行了成片拆除。2015年,韩城启动古城南门复建工程,南关大片区域被征地拆迁。在这两次征迁工作中,部分历史建筑和传统街巷被拆毁,古城格局、肌理和风貌受到破坏,名城的核心价值遭到破坏。2016年,韩城又实施"鲤鱼跃龙门"景观提升工程,不考虑北方城市地理环境和整体风貌特征,盲目照抄照搬南方地区造景手法,大规模挖湖造景,建成面积1 000余亩的司马湖,刻意打造假山跌瀑、人造水系和植被亮化工程,割裂古城内文化遗存与原生环境的特定联系,对古城的山水环境格局、自然人文风貌造成了极大的破坏。

(三)精神遗失

一个民族的文化遗产蕴含着该民族的工匠精神和创新精神。传承遗产精神是保护发展文化遗产的重要任务之一。然而,长期以来,中国文化遗产特别是对物质文化遗产的保护,在很大程度上只注重外在形式,仅停留在物质层面上的保护,却很少洞悉其内在光华,传承弘扬遗产精神,并使之成为当代文化和生活的有机组成部分。例如,丽江古城自1997年申遗成功以来,大量外地人进入古城居住、经商、开客栈,逐渐替换原住民,成为古城的主要居留者。据统计,1996年以前古城内有原住民3万多人,到2005年仅有6 000人左右,短短8年间原住民减少了80%。过度商业化导致古镇文化流失,使原住居民不断外迁与边缘化,原有的历史风貌和文化底蕴被破坏,历史文化价值也受到严重影响。

【案例】聊城古城拆真建假

聊城市,被誉为"江北水城、运河古都"。聊城古城位于现城区的西南部,总面积约1平方千米,四周被国内面积最大的人工护城河——东昌湖环绕,形成了独具特色的水上古城景象。古城始建于宋代,以光岳楼为中心,向东南西北延伸四条大街与城墙相连,内部空间呈"田"字型格局,道路泾渭分明,建筑呈棋盘方格网状分布,是十分典型的中国古代城市格局。

早在20世纪50年代,聊城市在制定第一个城市总体规划时,就确定了"保护古城，开辟新区"的原则。此后的50年里，聊城市一直确保城市新增部分全部位于古城之外，完整地保留古城格局和风貌。随着城市的外延式发展，古城区逐步衰退、边缘化，加之原有的居住生活条件落后、传统风貌的完整性较差、历史文化价值与旅游价值挖掘和展示不够等问题逐渐凸显。2008年聊城市通过《古城保护与整治规划》，启动古城保护与改造项目。

在古城的实际改造过程中，并没有遵循规划中"只拆除影响整体历史风貌的建筑，只进行有必要的修整，保留传统的街巷和建筑"这一要求，而是在没有充分调查、研究、考证的情况下，将古城内大量古建筑、古街巷全部推倒，复建了大量仿古建筑，意图恢复古城最繁华的景象。据统计，除光岳楼等文物保护单位和少量传统建筑保留下来，其余建筑和街巷几乎全部拆除，4 000多户近1.5万群众被重新安置。同时，在古城内新建了3个中国传统庭院式别墅类房地产住宅项目，试图用中式豪宅"延续古城肌理"。然而事实是，古城拆建之后，房地产和旅游开发项目并没有取得较好收益，古城吸引力大大削弱，新建的商铺、住宅处于闲置状态，游客也寥寥无几。

古城的保护，不只是保护它的壳，还要保护它的根，保护它的魂。这种"拆真建假、新造古城"的行为，以复建大量缺乏自身特色的仿古建筑来恢复繁华旧貌，只会带来人去城空、文化流失的负面效果。

二、文化遗产保护与文化建设、文化发展严重脱节

（一）与文化建设内容脱节

文化遗产保护与文化建设在很大程度上处于两张皮的状态：遗产工作者重在遗产保护，很少关心如何让保护对象有效服务于当下当地的文化建设；而文化建设者亦很少考虑如何从既往的遗产中挖掘文化建设所需要的内容滋养。其结果是，许多内涵丰富并具有重要价值的文化遗产，要么沉睡在广袤的大地上，要么尘封在文物库房里，要么隐匿在文献典籍中，没有成为当今国家文化建设的重要资源。

（二）与文化发展质量脱节

无论是文化遗产工作者还是文化建设者，均未很好地挖掘提炼文化遗产中体现传统审美崇尚、反映共同价值追求、富有浓郁时代气息、彰显不同民族特色的文化元素，并使之浸入文化建设的方方面面，在生动彰显中华文化基因密码和独特魅力的同时，有效提升文化发展的质量与水平。

（三）与文化发展特色脱节

文化遗产是一个地域的特色符号，是延续具有鲜明特征的地域文化的表达方

式，见证着一方水土悠久的历史和深厚底蕴，承载着其所在民族或地区的审美习惯、价值追求，是强化当今文化发展特色的重要资源与支撑。然而，就当前中国文化遗产保护发展的实际状况来看，紧密联系当今当地人民群众文化活动和文化需求，从形式、内容、价值等方面挖掘弘扬遗产地域特质，增强文化发展特色，仍不够充分有力。

三、文化遗产的价值没有得到充分彰显

（一）文化价值弱化

文化遗产保护没有很好地彰显文化遗产资源促进当今文化发展的价值作用[①]，文化遗产的文化价值被严重弱化。新时代文化遗产保护发展，不仅要探索科学、艺术、历史等文化价值，还要使文化遗产成为现代生活中优秀文化表达、传播的基地和源泉，并为国家和社会提供精神与文化指引。

（二）经济价值淡化

文化遗产具有重要的经济价值属性。长期以来，文化遗产保护推动经济社会发展的作用未能得到良好发挥[②]，尤其是一旦论及文化遗产的经济价值时，人们每每把它和过度开发甚至破坏划等号，文化遗产的经济价值被严重淡化。

（三）社会价值虚化

在文化遗产界，从专家学者到专业技术人员、行政管理工作者，更多重视的是对文化遗产原貌、原状的保护，特别是对文化遗址、古建筑等不可移动文化遗产的保护，基本上都是通过维修加固以达到本体元素的保留，而很少从活化遗产的角度对其在以文化人、改善民生等方面的社会价值进行挖掘展示，文化遗产的社会价值被严重虚化。

出现以上问题的原因，一方面，是因为人们在文化遗产保护发展中注重保护传承，轻视发展创新。人们从思想到行动更多关注的是如何保护住传承好文化遗产现存样貌状态，其角色职能如同接力赛中的传棒人。正因此，多年来，文化遗产领域的学科建设、课程设置、课题立项、项目资助、技能培训等多是围绕保护传承这一价值取向来安排实施。至于如何促进文化遗产在新的历史时期取得从形

[①] 习近平同志指出，文物是"老祖宗留给我们的宝贵遗产，是加强社会主义精神文明建设的深厚滋养"。党的十九大也将"加强文物保护利用和文化遗产保护传承"作为坚定文化自信的一个部分写进报告。

[②] 2018年10月中共中央办公厅、国务院办公厅印发的《关于加强文物保护利用改革的若干意见》明确提出："文物保护利用不平衡不充分的矛盾依然存在，文物资源促进经济社会发展作用仍需加强。"

式到内容的发展创新，始终未能受到高度重视。另一方面，是由于人们忽视文化遗产的时代价值。文化遗产不仅有着重要的历史、艺术、科学价值，而且具有重要的文化、经济、社会价值。尤其是其中的文化、经济、社会价值在很大程度上是以服务当代经济社会发展的"时代价值"的形式体现的。长期以来，通过保护文化遗产有效彰显其时代价值，亦即运用文化遗产资源推动经济社会发展，始终没有受到遗产工作者重视。不过，从根本上来讲，主要是因为缺乏一个符合中国文化遗产特性，又遵从中国传统审美崇尚、价值取向的文化遗产保护发展体系。

第二节　构建中国特色文化遗产保护发展体系

长期以来，国际文化遗产保护交流与合作所强调的保护理念是以《威尼斯宪章》等一系列文件精神为准则。1964年5月，从事历史文物建筑工作的建筑师和技术员国际会议第二次会议在威尼斯通过一项保护文物建筑及历史地段的国际原则，全称《关于古迹遗址保护与修复的国际宪章》（《威尼斯宪章》），在宪章中肯定了历史文物建筑的重要价值和作用，将其视为人类的共同遗产和历史的见证。

《威尼斯宪章》主要是依托西方石质建筑结构及价值认知理念形成的保护理念与实践规范，所突出的原真性要求是西方对文化遗产的诠释，是对实际存在物的确定，代表着求真的科学精神。与之相比，中国传统建筑遗产有着完全不同的文化背景和建造方式，表现出极大的差异性。这一套保护文物建筑及历史遗址、遗迹的国际主流原则所产生的积极作用是不容否认的，有其足够的权威性和广泛的适应性，但正如宪章的前言所说"每个国家有义务根据自己的文化和传统运用这些原则"，它不是一剂万能的灵丹妙药。究其根源，《威尼斯宪章》忽略了中西方文化特性及中西方审美崇尚、价值取向等方面的差异，更多适用欧洲古代石构建筑文物的特点。

中国现代文化遗产保护制度的建立主要借鉴于西方发达国家。近年来，中国文化遗产保护理念和保护方法正在逐步与国际接轨，但在此过程中，无论就人类文化发展的客观规律，还是就不同文化地域、不同民族的文化遗产特性来看，中国所参考的《威尼斯宪章》都在很大程度上存在着"水土不服"。一方面，中国建筑在用料、结构、形式、装饰等各方面都跟欧洲建筑有很大差别。东方的砖木、土木结构古建筑，不可能像希腊、罗马那样保存古建筑残址。此外，由于中国古代大部分建筑物的结构材料和装饰材料都是非永久性的，结构方法是装配性的。如要修复，也难以做到像西方那样，将新修的部分标明修缮的时间，与原物保持明显的分界。砖木、土木结构建筑不是西方的砖石建筑，让残柱露天很快就会墙倒屋塌、彻底毁掉，从而也就谈不上任何保护，故而中国的砖木、土木结构古建筑只能作为一个整体来修复。另一方面，在中国的传统价值观中，文化遗产的物质性和精神性是统一的，甚至重内在意蕴而轻外在表现。因此，中西方在文化遗产保护理念、思路和举措等方面必然存在着不同的理解，集中表现在对遗产价值和与之相关的信息的判断上。由此可见，中国文化遗产的保护方法与以《威尼斯宪章》为导向的世界文化遗产保护体系在本质上是有偏差的,《威尼斯宪章》并不适用于中国文化遗产保护的实际情况。

中国作为一个享誉世界的文明古国,拥有独特而丰厚的历史文化遗产,如何保护、发展中国文化遗产是一项重要的时代课题,同时也是做好人类文化遗产保护发展工作的重要组成部分。长期以来,中国文化遗产保护发展多受西方文化遗产保护理念的影响和制约,至少到目前为止,尚未形成符合自身文化遗产特性、文化发展客观规律和遵从中国传统审美崇尚、价值取向的保护发展体系。在相当大的程度上,人们总是用西方的理论、学术观点、原理、概念、标准来对待中国文化遗产的保护与发展,往往使遗产保护、发展与实际要求产生出入,其结果既使大量理应得到有效保护的文化遗产没有得到很好保护,又使一些不应损毁的文化遗产遭到破坏甚至消亡,文化遗产的文化、社会和经济价值没有得到充分彰显,可持续发展也受到严重影响。事实证明,文化遗产保护发展面临的最大敌人不是风霜雨雪等不可抗拒的自然力量或战争,也不是完全缺乏相应的保护发展技术,而是各种片面和错误的认识观念。在今天新的时代条件下,我们必须在深入理解中西方文化遗产保护理念差异及深层原因的基础上,建立起符合中国文化遗产特性和遵从中国传统审美崇尚、价值取向的保护发展体系。唯其如此,才能切实有效地保护好、传承好、发展好我国种类繁多、特色鲜明、底蕴丰厚的文化遗产,才能充分发挥好文化遗产推动经济社会发展的现实功用。

课后思考题

1. 如何看待保护发展文化遗产的重要性与紧迫性?
2. 举例说明中国文化遗产保护发展中存在哪些主要问题。
3. 如何看待文化遗产保护与文化建设、文化发展的关系?

第四章 构建中国文化遗产保护发展体系的依据

第一节 理论依据

不同的文化遗产特性和不同的审美崇尚、价值取向决定了中国与西方在文化遗产保护发展上具有不同的理念认知和实践规范，而这正是建立中国特色文化遗产保护发展理念必须考虑的重要因素。从理论依据上来说，建立中国特色文化遗产保护发展理念，首先要坚守中国文化发展的客观规律，并努力发挥人的主观能动性；其次要严格遵循中国文化遗产的固有特性和中国传统的审美崇尚与价值取向；再次要与时俱进，充分体现发展的时代内涵。

一、文化发展的客观规律

文化发展是一个扬弃和创新的过程，每一个时代的文化总是在继承前一时代的文化精华并剔除其糟粕的基础上，再融入本时代新的文化成分而不断加以创新发展起来的。没有对以往文化的继承，文化的发展就没有根基。只是一味地继承，而不融入新时代新的文化因素，不加以创新，文化的发展只能是一种毫无生机、毫无价值的僵死的重复。文化遗产作为文化的物化表现，其发展也必然是一个扬弃和创新的过程。例如，就可移动文物而言，无论是青铜器、瓷器、陶器，还是金银器、玉器等，一个时代的器物形制总是在继承前一时代优点、特长的同时，不断加以创新和发展；就不可移动文物来说，一幢古建筑或一座古塔，其外在形式和风格也是在继承和创新的过程中发展变化的。文化遗产本身的发展如此，相应对其保护也应如此。换言之，对任何一种文物古迹的维修与保护，应根据其本身的特性及现存的实际情况，采取局部或整体加固措施，在特殊情况下，为了使其更好、更长久地留存于世，也可考虑改变其原有结构或材质加以维修与保护，而不能刻板地恪守"保存现状""原封不动"等所谓维修保护原则。

二、主客体有机关系辩证

辩证唯物主义认识论告诉我们：主体与客体之间不仅是反映和被反映的认识关系，更为重要的是改造和被改造的实践关系。主体在改造客体的过程中认识客体。从主体与客体的有机联系，尤其是从主体对客体的能动性角度来说，我们在保存文化遗产"原真性"的同时，要积极发挥遗产保护工作者的主观能动性，不能割裂客体与主体的有机联系，使文化遗产与遗产保护者处于相互隔绝、彼此孤立的状态。遗产保护者不应该目睹文物古迹日渐遭受风吹雨淋、自然风化和人为破坏而无所作为，人为地延误或丧失制止遗产损毁、破坏恶果出现的有利时机，而要坚持创新发展理念，切实发挥主动性和创造性，不断增强做好新时代中国文化遗产保护发展的责任感和使命感。

三、中国文化遗产的固有特性

中国文化遗产以建筑物和大遗址构成为最主要的类型，而砖木、土木结构建筑体系又是中国古代建筑的主体。砖木、土木结构建筑体系具有相当灵活的调节机制，因此能够在统一的构筑体系中，针对不同地区的自然条件，进行灵活的调节，形成多元的构筑形态和有机的建筑形象。这种特性完全不同于西方国家以石质结构为主的古建筑，如古希腊、古罗马时期的一些神庙、宫殿，具有不易破损、保存时间长等特点，虽经数千年风雨剥蚀，但其主体结构、基本轮廓依然保存至今。而中国文物建筑的砖木、土木结构建筑材料是极易毁损的材料，它较石质材料在强度和耐久性上都要差，容易糟朽、变性、风化、流失、受虫蛀。此外，构件的榫卯连接也降低了结点处的强度。因此，对砖木、土木结构建筑而言，造成其破坏的原因有屋顶渗漏、基础非均匀沉降、长期荷载作用以及地震、虫蛀、自然风化、水土流失等，经常性的维修和对毁损构件的替换是必不可少的。可见，中国文化遗产保护发展应当采取有别于西方以石质材料为主要建筑构件的西方的保护理念和原则。

四、中国传统的审美崇尚与价值取向

从文化学、社会学、民俗学的角度来讲，中国文化遗产的表现形式、内容构成、价值特征在很大程度上反映着中华民族的审美崇尚和价值取向。反过来，作为深层文化结构的审美崇尚和价值取向又在很大程度上影响着保护发展文化遗产的理念、方法和趋向。西方重视物质实体的永恒与真实，强调遗产的功能属性；而中国则更重视精神价值的完整与连续，强调的是遗产物质实体与文化之间的价值关联与精神统一。比如，中国人以善为美，重教化、尚伦理的审美倾向和重和谐、包容，主张天人合一、顺其自然，强调曲线和含蓄的价值取向，决定了中国在文化遗产保护发展中更多地关注整体风格、人文环境与象征意义。而西方以真为美，重科学、尚真诚的审美倾向和重对立、斗争，主张征服自然，提倡竞争扩张，强调规模与平直性，尚理性的价值取向，决定了西方在文化遗产保护发展中更多地关注遗产真实性和对遗产实体元素的保留。建立中国特色文化遗产保护发展理念，应充分遵从我国传统的审美崇尚与价值取向，在理念、思路、方法和成效评估上，更多地关注文化遗产的整体风格、人文环境与象征意义，真正走出一条富有中国特色的文化遗产保护发展的新路子。

五、发展的时代内涵

从一定程度上来说，衡量一种文化遗产保护发展理念是否合理、科学、有效，关键是要看该理念是否充分体现出发展的时代内涵。具体来讲，就是能否有效保护遗产本体、优化周边环境；能否有效传承遗产历史文化信息、展现教育价值；能否有效承载遗产所在民族或地区的审美习惯、价值追求；能否有效提高遗产区居民的生活质量、增强幸福指数；能否有效促进经济社会发展，惠及全体人民。如今，建立中国特色文化遗产保护发展理念，要不断增强人们在面对新时代社会发展诉求时的能动性理性认知，紧紧地把发展的时代内涵融入文化遗产保护发展理念、思路和举措之中，切实把文化遗产资源作为新时代中国文化建设的重要内容和文化建设质量、特色的有力支撑。

第二节 事实依据

一、古建筑保护典型案例

中国古代的寺庙或名胜建筑普遍存在多次重建活动。事实上，在我国历史上，当建筑古旧破败或不能满足当时需求的时候，人们通常是重修再建，使其修葺一新，添建、扩建更是常有之事。正如梁思成所述："以往的重修，其唯一的目标，在将已破敝的庙庭，恢复为富丽堂皇，工坚料实的殿宇，若能拆除旧屋，另建新殿，在当时更是颂为无上的功业或美德"，并且"古来无数建筑物的重修碑记都以'焕然一新'这样的形容词来描绘重修的效果"。前人维修保护许多古建筑，并不强调对原有建筑形态的恢复，而是程度不等地根据建筑特性和当时的实际情况，采取积极、有益的创新措施，运用重建时代的营造技术，尊重重建时代的审美趣味，突出建筑服务于现世的实用价值，从而使许多文物古迹得以保存至今并将继续保存下去。

（一）雷峰塔

雷峰塔源于10世纪吴越国王钱俶筹建的"黄妃塔"，原计划修百丈13层，由于财力有限，只建了七层八角的阁楼式塔。北宋宣和年间，塔的木结构部分，包括塔刹、塔顶、塔檐、回廊等都毁于方腊战火。南宋庆元年间，雷峰塔得以重新修缮，砖砌塔身从七层减为五层，形制为平面八角形，且塔身外围新建了木构搪廊。

（二）大雁塔

大雁塔全称"慈恩寺大雁塔"，始建于652年，是唐永徽三年（652年）玄奘为保存由天竺经丝绸之路带回长安的经卷佛像而主持修建的。大雁塔最初五层，后加盖至九层，再后层数和高度又有数次变更，最后固定为现存的七层塔身。大雁塔之所以能够饱经1 300多年的风风雨雨，至今仍旧巍然耸立在古城西安，根本原因就在于明代对其维修、保护时，在大雁塔的外围加固了一层砖。不难想象，如果明人维修保护大雁塔时完全采用"保存现状""原封不动"的做法，那么我们后人将无法看到这一古塔杰作。

（三）黄鹤楼

黄鹤楼始建于233年，距今已有1 700多年的历史，屡建屡毁，仅在明清两代，就被毁7次，重建和维修了10次，形制变化很大。唐代黄鹤楼处于军事楼向观景楼的过渡时期，楼与城相连，四周绕以围墙，又有角楼。宋代黄鹤楼，由楼、台、轩、廊组成建筑群体。元代黄鹤楼由纯建筑群改建为园林游憩场所。明代黄鹤楼在宋、元遗意的基础上，更加突显当时的时代特征。到清代重建黄鹤楼时，只剩一座居高临下的孤楼。

（四）岳阳楼

岳阳楼始建于210年前后，至今已有1 800多年的历史。因天灾人祸，岳阳楼屡废屡修。据考证，岳阳楼至少修过51次，重建过24次，其形态也在不断变化。唐代岳阳楼建筑低矮，为二层、四边形，屋顶为单檐歇山。宋代时，岳阳楼发展为重檐歇山屋顶。明代时，岳阳楼平面由四边形变为六边形。清初康熙时期，岳阳楼平面又变回四边形。清乾隆时期，岳阳楼发展为三层，楼顶也由歇山顶变为盔顶，宛如古代武士的头盔，为中国现存古建筑中所罕见。正是历朝历代对岳阳楼的不断重修，才得以使岳阳楼的雄伟面貌延续至今。

从以上案例可以看出，中国古人在保护修复古建筑的过程中，并不强调物质本体是否真实，而是接受对古建筑本体的重修再建，重视对古建筑使用价值和象征意义的维护，希望通过一定的物质本体来负载古迹的内在价值与精神延续性。这种以"重修庙宇，再塑金身"思想为代表的中国传统古建筑修缮观，深受中国文化遗产特性和传统审美意识、思维方式、价值取向等影响，认可物质可以更新、但意义永存的精神连续性。这对今天文化遗产保护发展来说，在某种程度上仍然有着积极的借鉴意义。

二、大遗址保护典型案例

（一）唐大明宫遗址

唐大明宫始建于唐贞观八年（634年），占地面积约为3.4平方千米，是北京明清故宫面积的四倍余。作为大唐帝国200余年的政治中心，大明宫是大唐帝国的大朝正宫和国家象征，也是盛唐时期规模最为宏大的宫殿建筑群，号称"万宫之宫""东方圣殿"，被誉为"中国宫殿建筑的巅峰之作"。早在1961年，唐大明宫遗址就被国务院列入第一批全国重点文物保护单位。2014年，在联合国教科文组织第38届世界遗产委员会会议上，大明宫遗址作为中国、哈萨克斯坦和吉尔吉斯斯坦三国联合申遗的"丝绸之路：长安—天山廊道的路网"中一处遗址点，成功列入《世界遗产名录》。

自20世纪50年代起，学者们对大明宫遗址已进行了近70年的考古挖掘工作。这座1 300多年前建造的大型土木结构建筑工程，历经沧桑之后，地上建筑荡然无存，仅余下部分宫殿台基及残存的宫墙。经考古勘探，大明宫遗址平面略呈南北长方形，北半部平面呈梯形，南半部为横长方形，宫墙周长7.6千米，四面共有11座门，已探明的殿、台、楼、亭等建筑遗址有130余处。宫殿南部为前朝，自南向北由含元殿、宣政殿和紫宸殿为中心组成，北部的内廷中心为太液池。

唐大明宫遗址整体格局和重要殿基均保存完整，是中国目前保存最为完整、保存状态最好的古代宫殿遗址之一。然而，遗址周边环境欠佳、现状风貌较差，南部含元殿遗址以南为市区叠压区，人口稠密；东部有大面积临时性建筑，城市建筑垃圾和生活垃圾也大量涌入其中。存在的主要问题是：遗址区内人员组成复杂，工人和无业者居多；居住环境差，房屋面积小，光线阴暗，结构简陋，基本没有供气供热设施；治安条件恶劣，由于流动人口较多，管理不便，打架、斗殴时有发生；交通状况差，路面较窄且人车混行；环境污染严重，生活垃圾堆放在路边简陋的公共垃圾站，取暖期燃煤对空气造成污染；生活服务设施短缺，幼儿园和医疗诊所等级较低，很难想象这是西安这个特大城市二环以内近10万居民的生活区。

针对以上长期困扰大明宫遗址区的尖锐问题，西安市政府经过多方规划、论证，创新性地开展了遗址保护与利用的工作。

（1）整体完整保护遗址，把遗址本体和周边环境共同纳入保护范围之内。大明宫遗址占地3.28平方千米，周边改造区域达12.76平方千米，实行了整体保护，体现遗址及其环境的真实性和完整性。同时，借用现代科学技术，对夯土层进行修复，在保持遗产完整性和真实性的基础上确保传承。例如，保护大明宫遗址的自然地形，对部分已经破坏了的地形考虑适当修复。对遗址区内非唐代的历史遗存，在现场调查与鉴别的基础上，若对唐大明宫遗址基本格局和主要文物遗址不起到干扰和破坏作用，同样应当予以保护和利用。对宫门与宫墙的保护时，尚存遗址必须予以妥善保护，对完全破坏的部分也通过标识及景观控制等手段，保护并显现其完整性。

（2）直观、形象地展示遗址的文化内涵。例如，建设独特的东方古建筑遗址地标性标识——紫宸殿、含耀门，通过包砌式的标识性展示，既可以对遗址本体进行完整的保护，又结合地形设计显现出大明宫的恢宏气势。建设丹凤门博物馆进行室内展示，对金水河遗址进行玻璃覆盖揭露展示。在科学研究的基础上，建设再现大明宫风貌的微缩景观。此外，对大明宫遗址的历史环境、景观风貌也进行了因地制宜的设计，依据唐大明宫"一池三山"格局展示皇家园林的历史风貌。

（3）深挖遗产文化内涵，发展遗产创意产业。例如，建设集考古、科研、科普、游艺和旅游为一体的遗址中心，通过声光电多媒体、考古模拟等向游客展示各种考古发掘中的典型物品，设计电子模拟考古游戏体验最先进的考古科学技术、观察不同土层历史百年前的痕迹，并在真实沙坑中体验考古发掘第一现场。同时，利用多媒体系统展示拍摄3D IMAX电影《大明宫传奇》和球幕电影《飞跃大明宫》。此举不仅延伸了遗产自身潜在价值，也成为现代创意产业的动力源泉。

以上这些保护展示手法，既借鉴了国际大遗址保护的先进经验，又体现了东方大遗址保护的智慧。通过大明宫国家遗址公园的建设，长期困扰遗址保护的老大难问题终于得到了永久的解决，昔日拥挤密集覆盖遗址的城中村棚户区已经被拆除，堆积如山的垃圾堆已经被清理，遗址区已经与城市建设区和生活区成功地剥离开来。大明宫遗址的保护利用让遗址区的老百姓住进了窗明几净的新居，改善了城市面貌，真正地造福了当地百姓。总体来说，大明宫国家遗址公园的建设把遗址保护、发展文化遗产与城市建设、提高人民生活水平、环境改善、城乡发展等充分结合，推动了文化遗产保护成果最大限度惠及全体人民。

【案例】唐大明宫遗址区保护展示工程

2008年，在国家文物局主导下，陕西省和西安市政府启动西安唐大明宫国家大遗址保护展示示范园区暨遗址公园项目。本着真实性、可读性、可持续性的原则，在保护与展示的前提下，陕西省和西安市政府努力促使唐大明宫遗址本体及周边环境的改善，进而谋求唐大明宫遗址所在区域实现社会效益与生态效益的和谐统一，使其成为具有21世纪先进水平及中国特色的文化遗产保护、展示和开发的示范性工程。

大明宫国家遗址公园的保护展示方式主要有以下四种。

第一种，采用回填或覆盖保护后对原址模型或标识展示。复制层采用可还原易拆除的新材料和轻质结构，保证对遗址层无任何破坏。含元殿遗址、宣政殿遗址和紫宸殿遗址采用此种方式进行标识，在对遗址本体进行保护的前提下，利用现代工艺技术，在遗址之上搭建构筑物、植物，以此来烘托历史的氛围和沧桑感。

第二种，玻璃覆盖揭露展示。例如，含元殿南侧的金水河遗址，去除遗址上部的非唐代地面层，显出遗址层，并用特殊玻璃覆盖遗址，既完好地保护遗址，又向人们展示了遗址的真实面貌。同时，设置必要的说明性标识，展示考古现场、考古过程、保护过程等内容。

第三种，保护建筑覆盖后建设博物馆进行室内展示。例如，丹凤门遗址，在大明宫中丹凤门的主要遗迹是黄土夯筑，有5个门道、4道隔墙、东、西墩台以及东、西两侧城墙和马道组成，外观形体巨大，经过复原后，能够再现唐朝时期的宏伟气象。复原的建筑充当了博物馆的作用，在其内部进行莲花纹瓦当、筒瓦等出土遗存的展示。

第四种，历史环境及景观风貌展示。遵循原真性、可逆性原则，因地制宜进行设计。例如，太液池传承了古太液池的形状，还依据唐大明宫"一池三山"格局进行布局，并遵循"低处凿山、面水以筑榭，高处堆山、居高以建亭"的设计理念，在切实保护太液池文物遗址的基础上，适当恢复太液池水面及部分植被，展示皇家园林的历史环境与景观风貌。

（二）汉杜陵遗址公园

汉宣帝杜陵位于西安市东南部的少陵塬北端，海拔618米，比西安市高约200米。汉宣帝陵园平面为方形，陵园四面城垣各辟一门，以封土为核心，由城垣、寝园、陪葬坑等遗址构成完整的空间结构，祭祀建筑为陵园东北部陵庙和位于陵园东南的寝园。王皇后陵位于杜陵东南575米，陵园平面呈方形，陵园四面城垣中央各辟一门。杜陵邑位于遗址区最北部。

秦汉时，杜陵被称为"杜东原"，汉宣帝陵墓筑于当时的杜东原上，杜陵之名由此而来。西汉帝陵从长陵开始设陵邑，迁徙高官富豪之家到陵旁居住。汉宣帝在营建杜陵的同时，根据汉代帝陵周边设置陵邑的制度，修建了杜陵邑，县治从此由杜县迁至杜陵邑。秦迁都咸阳后在此区域修筑了皇家园林——上林苑。汉武帝时，对上林苑进行了大规模扩建，种植了许多奇花异木。到了隋唐时期，通过对杜陵及城南地区的不断完善，曲江区域成为著名的风景名胜地，既有为皇家赏玩的芙蓉园，又有为平民打造的曲江池。汉宣帝陵正是曲江这一风景园林区的重要组成部分。隋唐之后，杜陵附近区域逐渐变为农田，明代时期此区域成为秦王的主要墓葬区。

1956年，杜陵被列为陕西省第一批省级重点文物保护单位；1988年，被国务院公布为第三批全国重点文物保护单位；2005年，又被列入国家100处重要大遗址。汉杜陵遗址区占地面积共20.9平方千米，主要遗址资源有汉宣帝陵园遗址（寝园遗址、陵园东门遗址、陵园北门遗址），王皇后陵园遗址（寝园遗址、东门遗址），陵庙遗址，九号遗址，十号遗址，杜陵陪葬坑（一号、二号、三号、四号、五号）。杜陵共有陪葬墓108座，现地面上有封土的62座。据史料记载，陪葬者有大司马车骑将军张安世、丞相丙吉、建章卫尉金安上、中山哀王刘竟等。遗址区还出土了大量的文物，如花岗岩础石、几何纹或素面方砖、绳纹筒瓦、铜壶、铜钟、铜泡、铜镦、鎏金铜环、五铢钱、小五铢钱等。

汉杜陵遗址区虽然拥有丰厚的历史文化资源，但在2001年以前，由于受文物保护理念固有思维定势的制约，遗址区的遗址不断遭到损毁，周边环境不断恶化，区内基础设施和生活服务设施得不到改善，群众生活长期停留在较低水准，群众保护遗址的积极性受到打击，整个遗址区形成了西安版图上的"洼地"和"塌陷区"，严重制约了社会、经济、环境的和谐发展。2001年，这里的土地亩产值仅有200元，农民人均可支配收入2 800元，低于雁塔区平均水平，农民收入与城镇居民收入相差甚远。

为了改变这种现状，汉杜陵遗址所在地的雁塔区委、区政府创新性地提出"遗产环境+都市农业"的发展模式，并被国家文物局赞誉为"杜陵模式"。该模式即以汉杜陵遗址自身特性为基础，以遗址保护的真实性、遗址展示的可视性、生态建设的景观性、产业项目的文化性、村镇建设的地域性、产业发展的关联性和区域经济增长的明显性为要求，以展示和体验汉代风俗文化、文明为主题，以遗址环境保护、生态景观建设及发展现代都市农业为手段，以多元主体和谐参与为保障，最终实现汉杜陵遗址资源的有效保护、合理开发利用和区域经济、社会、文化、环境的协调可持续发展。

按照这一思路，从2001年起在汉杜陵遗址区实施了由政府主导、企业参与、市场化运作方式植树造林，建成了生态经济林11 000亩，其中生态林5 600亩，果林5 200亩；种植各类苗木160多个品种，合计540多万株，形成了千亩示范生态园、千亩银杏林、千亩柿子林等，遗址区内生态林达12 000多亩。生态绿地与大遗址的有机结合，不仅为公众提供了休闲游憩空间，也对杜陵遗址的本体与环境风貌形成有效保护。

在短短几年时间里，杜陵遗址区引进雅森、万达、缔缘等20余家生态园林企业，这些企业除了从事所承包林地的管护与经营外，还从事农家乐餐饮、盆景养植与租赁、农业采摘休闲体验旅游、狙击野战拓展训练等项目。通过上述举措，汉杜陵遗址区调整农业生产结构，使农业综合生产能力得到明显提高，农民踊跃种植生态林和枣、柿等经济林。初步估计，惠及周边三兆村、缪家寨等6个村的村民10 000余人。与此同时，企业和农户在政府引导下，不仅注重经济收入的增加，更加注重农产品品牌建设，如"好娃娃"葡萄、樱桃、鲜桃，"博达"盆景，"溢绿"鲜果都成了西安都市农业的知名品牌，先后荣获全国及省市优质产品。在品牌战略的带动下，杜陵遗址区的农产品附加值不仅得到很大提升，而且以前滞销的农产品如今都成了市民的抢手货。值得一提的是，"好娃娃"葡萄还被推荐为2008年奥运会特供水果之一，"唐园"盆景誉满西北五省。

以上新模式和新举措，不仅有效地保护了汉杜陵遗址本体，改善了遗址周边环境，而且大大提高了遗址区农民的经济收入。如今，汉杜陵遗址区已成为西安居民周末休闲、度假、娱乐的首选之地，取得了满意的社会、经济、文化和环境效益。

【案例】杜陵国家考古遗址公园

2017年，杜陵考古遗址公园正式得到国家文物局批复立项。杜陵遗址保护范围占地约20.9平方千米，建设控制区面积约12平方千米。按照规划，杜陵国家考古遗址公园将以"一心三带"为基准模式，形成"七区八园"空间格局。其中，"一心"是杜陵遗址核心保护区，"三带"是杜陵遗址文化保护展示区、杜陵汉代文化综合体验区、明十三陵（明秦王）遗址公园三大板块，"七区"是以文物保护、文化休闲、园林展示、生态农林为主题的七大景区，"八园"是杜陵汉风台、杜陵鹿苑、杜陵松园、杜陵梅园、杜陵百花园等八大林园。在万亩生态绿地的基础上，通过还原帝陵格局，结合修葺植被围合而成的空间，达到历史格局再现，实现与生态结合的遗址保护模式。同时，通过连续的慢行路径进行有机连接，把人的活动与遗址的保护良好地结合在一起，真正实现共享，将遗址价值传递给更多的人。

对文化遗产的保护不能仅局限于对文物古迹、历史建筑等"器"的保护，而更应该强调文化遗产的人文精神、人文价值和人文环境，强调文化遗产除了纪念功能以外之于现代人和社会经济、文化、环境之间的关系，以使文化遗产保护和管理具有内涵上的深化和方向上的纠正，使保护的目的最终统一在"延续我们所知并能给我们带来延续性的物质和精神世界"。

具体来讲，唐大明宫国家遗址公园和汉杜陵遗址公园模式体现了以下四方面理念。

（1）充分体现了以文化遗产特性为核心的保护发展理念。不管是唐大明宫遗址还是汉杜陵遗址，无一例外都创新性地结合遗址自身特性和各自所处的遗址环境，结合各自所承载的历史文化信息和所要面对的经济社会难题，提出了符合自身发展实际的保护、利用模式。在保护、利用方式上，二者更是从遗址不同个性出发，唐大明宫遗址更多的是宫殿建筑遗址，在展示手段上采用更加直观的、场景再现的方式，以重塑宫殿的气度与格局；而杜陵遗址是陵墓遗址，主要是通过绿化种植、环境改造来营造帝陵的庄严、肃穆的场所精神。

（2）充分体现文化遗产与城市产业相结合的融合发展理念。不管是文化旅游、文化创意、文化地产与文化遗产相结合为主要特征的"大明宫模式"，还是园林绿地、都市农业与文化遗址相结合为主要特征的"杜陵模式"，都是在深挖文化遗产内在价值的基础上，植入新型的产业业态融合再生，产生聚集效应和裂变效应，进而使二者发挥最大的经济、社会、文化、环境价值。文化旅游、文化创意、文化地产与文化遗产的有机结合，不仅解决了遗产保护的动力机制，而且成为遗产的有效展示手段，为城市空间环境改善、城市产业结构优化、城市功能拓展提供了极具可持续发展的空间。文化景观系统、都市农业与历史文化遗产的有机结合，不仅为公众提供了众多的绿色休闲空间，还更好地保护了文化遗产的本体和历史环境风貌。

（3）充分体现以人为本谋发展的和谐发展理念。从根本上来讲，文化遗产发展的终极目标就是满足人们日益增长的文化需求和文化权利，增强幸福指数。唐大明宫国家遗址公园和汉杜陵遗址公园的建设不仅缩小了遗产区内的人民群众的经济收入与遗址区以外居民收入的差距，而且逐步使居住在遗址区内的人民享受到遗址区以外的人民所享受的教育机会、参与就业和发展的机会、享受到均等化的公共服务，享有大体相当的生活水平。这一点在大明宫遗址公园表现得尤为突出。大明宫国家遗址公园的建设，使大约10万遗址区居民的生活条件和生活方式得到了根本性的改观，原来的"棚户区"居民，都搬进了新居，生活质量大大提高，真正实现了人、遗址、环境、政治、经济、社会、文化的和谐发展。

（4）充分体现遗址保护区与周边地区跨越发展的理念。以遗址保护区为基本单元、推动遗址周边区域的经济发展为方向，调动区域内各组织要素的积极性，突破区域发展瓶颈，实现区域跨越式发展。从唐大明宫国家遗址公园和汉杜陵遗址公园的实践来看，对遗址的保护、利用不仅仅局限在遗址本身区域，而是突破了遗址区的界线，把遗址放在大区域板块的尺度来进行保护利用，一方面使遗址保护有了更广阔的土地利用空间，另一方面使周边土地融入文化遗产后，提升周边土地价值，二者相得益彰，实现了遗址保护区与周边地区形成板块式突破发展。如通过3.2平方千米的大明宫国家遗址公园建设，带动12.76平方千米公园周边区域的改造，使得周边土地价值呈几何级增长，兑现了城市价值，这无疑是区域实现跨越式发展的典范。

唐大明宫国家遗址公园和汉杜陵遗址公园的保护利用实践可以证明，这种保护模式有效保护遗址本体、优化周边环境，有效传承遗址历史文化信息、展现教育价值，有效承载遗址所在民族或地区的审美习惯、体现价值追求，有效提高遗址区居民的生活质量、增强幸福指数，有效促进经济社会发展、惠及全体人民，可以说是一种成功的实践模式。

课后思考题

1. 如何认识并评价中国古代传统建筑修缮观？
2. 举例说明我国大遗址保护有哪些好的做法和经验。

第五章　构建中国文化遗产保护发展体系的研究方法

由于遗产研究的跨学科性，遗产研究的方法也是多元的。对遗产现象的研究不仅仅从某一学科领域出发，而应在更宽泛的人文、社会科学范围内研究某一个特别的领域，并且在不同的阶段，基于关注的层面不同，研究者会使用不同方法进行遗产保护发展的相关研究。

第一节　对比分析法

一、对比分析法概述

对比分析法是指将客观事物加以比较，以达到认识事物本质和规律并做出正确的评价。在对比分析中，运用时间标准、空间标准、经验或理论标准以及计划标准等对所比较的客观事物做出客观的评价。在运用对比分析法进行文化遗产保护研究时，研究对象包括国内外相同类型遗产、同一地理位置不同类型遗产，以及相似遗产发展背景的不同地区等的研究，内容集中于遗产相关理论、发展背景、研究重点、研究方法、发展以及保护模式研究等方面。例如，从中西方文化遗产的特性、材质、空间位置、历史风俗和民族心理特点等不同角度来分析、评价中西方文化遗产的保护方法和理论体系。

（一）对比分析法的类别

按比较的性质，对比分析法可分成定性比较与定量比较。定性比较是对两类及以上事物所具有的属性本质进行比较，从而确定事物的性质；定量比较是对事物属性进行量化分析，从而准确地判断事物的变化。

按比较的对象，对比分析法可分为同类比较和异类比较。同类比较是指比较两类性质相同的事物的特征,为寻找其共同点,由此及彼,将其所发现的原则和方法应用到其他事物的研究中去,成为解决新问题的关键方法;异类比较是指比较两类性质相反的事物或者一个事物的正反面,为说明事物的不同点。异类比较法结果鲜明,是非清楚,有利于鉴别,便于分析。

按时空的区别,对比分析法可分为横向比较与纵向比较。横向比较是按照空间结构的横断面展开的,强调的是从事物的相对静止的状态中研究事物的异同,分析其原因;纵向比较是对同一事物按照时间序列的纵断面展开,不仅能从相对稳定的状态来研究事物,而且还从发展状态变化来研究事物,认识事物发展的来龙去脉。

(二)对比分析法的一般步骤

对比分析法的步骤如下。

(1)确定比较研究的问题和标准。首先根据研究的目的规定研究的内容和范围,其次选择比较的对象,最后确定比较的标准。

(2)搜集比较研究的资料。通过调查访问、查阅文献等方法,广泛收集资料,并对所收集资料进行比较的分类整理和加工处理。

(3)进行比较分析。列举比较对象的相同点和异同点,运用历史的、辩证的、联系的观点分析其异同的原因。

(4)做出比较研究的结论。在对收集的资料进行多层次、多方面的对比分析的基础上,对于所研究的问题加以总结并得出比较结论。

二、对比分析法在遗产研究中的应用

在运用对比分析法对遗产保护进行研究时,应根据比较的类型选取比较对象,通过时间标准、空间标准、经验或理论标准、计划标准等不同角度来分析比较内容;在分析的过程中,通过多方面的对比,梳理双方或多方的资料信息,最终整理汇总得出比较结论。

(一)对比分析标准选择

1. 时间标准

时间标准即选择不同时间的指标作为基础,最常用的是与上年同期比较,即"同比",还可以与前一时期作比较,此外,还可以与达到历史最好水平的时期或者历史上一些关键时期进行比较。比如,通过对比不同历史时期文化遗产的发展变化、建筑风格、保护策略与研究方向,总结出文化遗产的动态演进历程,以及今后在文化遗产保护与管理中的研究重点。

2. 空间标准

空间标准即选择不同空间的指标数据进行比较，又可分为三类。

（1）与相似的空间比较，如两个地理条件、空间形态相似的文化遗产目的地进行比较，分析在类似的地理空间环境中，文化遗产在保护及发展方面的异同及变化特点。

（2）与先进空间比较，如落后地区的文化遗产与发达地区的文化遗产比较，以及人流量大、可进入性强的文化遗产地与相对较封闭的文化遗产地进行比较。

（3）与扩大的空间标准比较，如某个文化遗产地的遗产保护与发展状况与全国乃至全世界遗产保护与管理的整体状况进行比较。

3. 经验或理论标准

经验或理论标准是指通过对过去大量历史资料的归纳、总结而得到的经验标准，以及对已知理论推理得到的经验标准。如在文化遗产的保护方面，始终以文化遗产保护法律法规为纲，跟随时代的变化而更新保护与管理理念，坚持保护与传承相辅相成。

4. 计划标准

计划标准是指把要对比的实际问题与计划标准、期望标准、规定标准等进行比较。在文化遗产保护中，将政策规定、市场环境、规划目标等作为计划标准，找到差异，分析原因，提出遗产保护和完善的方法。

（二）具体案例分析

关于对比分析法的具体案例，可以芦荣（2016）国内外工业遗产研究对比分析为例，从研究时间、研究空间、资源利用、认定评价体系和研究方法等方面的比较来说明对比分析法在文化遗产保护研究中的具体应用。

1. 研究时间及专业程度比较

工业遗产研究的发展到目前才五六十年时间。20世纪50年代是工业遗产研究萌芽时期。英国是工业革命的先驱，其工业遗产的保护工作也相对成熟和完善。20世纪60年代，国外逐渐成立了多项专门研究组织和机构，无论是关于工业遗产的理论研究，还是工业遗产的相关实践进展，都取得了较快发展。在几十年的发展过程中，国外也取得一系列的研究成果，如工业考古从无到有、从量到质的突破、各项研究专项组织的成立都标志着工业遗产逐渐走向专业化。对比国外研究的专业程度而言，我国对于工业遗产的研究起于2002年，研究时间起点晚、专项成果少。

2. 空间范围比较

英国作为工业革命的先驱，在长久的对外扩张和征服中，把工业革命带到世界其他地区，诸如德国、美国、日本等。早期生产力发达、生产水平相对较高的国家也加快了工业遗产保护的步伐。国内工业遗产研究关注的是近代以来沿海一带工业发展较快的地区，包括上海、广东等地。在现今的工业遗产保护过程中，国内工业遗产研究仍然处于发展的状态，诸多保护措施有待进一步细化研究。

3. 认定评价体系比较

认定评价体系是规划和遴选工业遗产的详细指标，也是参照和标准。国外对于工业遗产的研究意识较高，以英国为例，其认定评价体系从国家层面主要分为在册古迹和登录建筑，前者的总体标准主要根据年代、稀有性、文献记录状况、群体价值、现存状况、脆弱性等几大方面来认定，后者主要根据更广泛的产业文脉、地域因素、完整的厂址、技术革新、重建和修复、历史价值等方面来认定。对中国工业遗产的认定评价目前还没有统一的标准，没有权威的认定体系和参考指标，这也是当前工业遗产研究亟待解决的问题。

4. 资源利用方式比较

国外的工业遗产再利用模式较为多样化，根据其不同性质，实现了如工业遗产旅游、主题博物馆、城市公园、创意产业园区、居住区等保护更新方式。其功能与空间定位都是从城市出发，根据具体的区位环境、城市发展目标、地区功能构成等进行了深入探索。我国工业遗产的开发模式比较单一，跟国外的开发模式基本保持一致。而因地制宜要求工业遗产的开发建立在城市特色之上，使遗产资源融合城市文化特征，结合城市特色开发是我国工业遗产开发的重要模式。

5. 研究方法比较

国外研究注重从历史学、技术学、建筑学等多学科视角进行综合研究。我国目前对于工业遗产的研究逐渐开始与其他领域进行交叉研究，但是并不广泛。工业遗产除具有经济、历史价值以外，还包含众多其他科学价值，如社会价值、美学价值等。

6. 开发与保护模式比较

注重旅游效益的国外保护模式。国外工业遗产旅游开发在充分利用原有资源的基础上具体打造不同的开发样式，整治改善环境、转型衰退工业、利用废弃土地，同时开发引用博物馆模式、提供居民公共休憩空间、连接购物旅游于一体、规划相应的旅游专线，集环境治理、结构转型和资源再利用综合开发，这不仅促进了传统工业区的文化扩散和交流，还实现了经济的新增长。

基于城市特色的国内开发模式。我国在探索工业遗产开发保护模式中呈现许多的经典案例，如北京"798"艺术区、上海创意产业园、广东中山岐江公园等，上述均属于我国经济发展较快地区的先行实践模式。在参考借鉴国外保护经验的基础上，我国的工业遗产开发保护工作更应具有城市自身的特色。以苏州为例，苏州传统城市特色主要基于"智巧、细腻、柔美、清雅、平和"的吴文化特征，而当今苏州的城市特色则有了更多维度的意义，集"水城、园城、工商城、文化城"为一体，仍高度体现了自然与人文的和谐。苏州拥有丰富的传统特色产品，包括丝绸、刺绣、食品、各类工艺品等，相关的企业、知名的品牌、独特的工艺、前店后坊产销一体模式等，留下了多类型的工业遗存。这些工业遗存是当前城市产业转型中的重要的历史资源，保护这些工业遗存对城市传统产业特色的保持至关重要。

7. 结论

从总体上来说，我国工业遗产存在着发展起步较晚、发展时间较短、概念界定不明、认定标准体系模糊、开发模式单一等问题。通过对比借鉴，我国仍需要在工业遗产研究中不断做出努力。

第二节　田野工作法

一、田野工作法概述

田野工作法又称为田野调查、现场调查或实地调查，是指经过专门训练的人类学者亲自进入某一社区，通过直接观察、访谈、住居体验等参与方式，获取第一手研究资料的过程，是一种在各个学科里广泛应用的方法。"田野工作"的概念最早出现在考古学和人类学的相关研究中，是对直接调查的进一步发展和实践应用。对于大多数的研究而言，田野工作是以获得最直接资料为目的预先调查阶段，它既不是按照预先拟定的理论框架去收集资料，也不是根据调查材料归纳出一般的结论。田野工作的重点是直观社会本身，力图通过记录一个个鲜活的人、事、物，来反映调查对象的本质。田野工作的过程，其实是"理论"与"经验"两个层面往返交流、相互修正的过程，其优势主要体现在调查的直观性和可靠性。

（一）田野工作法的工作要点

1. 参与观察、深度访谈、直接体验

参与观察指研究者生活于他所研究的人群之中，参加他们的社会生活，观察正在发生的事情。深度访谈是指在田野工作中对当地人的深入采访。深度访谈一般采用无结构性访谈或半结构性访谈。直接体验是指强调从身体活动意义上的"做"。在关于文化遗产保护发展研究的工作中，无论是单个的文化遗产项目，还是某一地区文化遗产保护的整体情况，田野调查都应该是诸如确认、立档、研究、保存等一切保护工作的基础，是使保护工作避免成为空中楼阁的最重要、最基础的环节和措施。

2. 整体论研究

整体论研究是指实地考察工作者对某一文化进行全貌性的深入研究，反对从作为整体的文化中抽出个别要素进行跨文化比较。狭义的"整体论"的研究方法是功能学派的研究方法。功能主义关于整体论的基本观点是，构成文化或社会的各要素之间紧密地相互关联而构成一个整体，只有当文化被看成是一个各部分相互联系的整体时，才能确定任何文化元素的意义。

3. 跨文化比较

跨文化比较方法在于力图通过相似现象的比较而求得某种概括。它力求从一大堆变项中抽取出一些公分母。田野调查对跨文化社会有独特的解释之道，即观察和理解跨文化社会生活方式及文化的原生形貌，在文化遗产研究中对牵涉的不同领域，如遗产管理方、遗产地居民和第三方人员等方面进行田野调查。

（二）田野工作法的研究方法

1. 时间的"长"与"短"

一般认为，人类学田野调查的周期以一年为标准。如果调查的时间短于一年，就不大可能对研究对象进行深度的了解。然而，"几上几下"式的短期调查，使田野与书斋密切结合，避免了单纯的行为主义调研，同时又节约经费，因而日渐受到研究者的青睐和推崇。

2. 地点的"生"与"熟"

人类学田野调查多半是研究异文化的，即大多以"生"地作为调查点。一般而言，如果从一开始就研究自己经常看到的文化，要发现其中深层次文化的运行规则，往往是不容易的，也容易犯熟视无睹的错误，忽略一些重要的东西。然而，以"生"地为调查点，也存在许多不利因素，如需较长时间才能进入田野，存在着语言、文化上的沟通障碍等等。而"熟"地也未必不是好的调查点，也有许多人类学者回家乡做田野调查，这样不但可以节约经费，还可以迅速进入"田野"这种有特殊关系的社区。

3. 观察的"入"与"出"

有学者认为，在人类学田野调查中，主要有以下四种程度不同的观察：①局外的观察，这是比较客观的，其分离度也高，但卷入田野的程度最低。②观察者的参与，观察者参与到田野中，但参与其中的程度适中，仅是以观察者的身份参与，同时保持了客观的立场，这种参与观察最难做到。③参与者的观察，观察者已经深深地参与进去了，但还能够有一些观察，有一点客观。④完全参与者，很多的是完全的主观参与，只能形成主观价值判断。在调查过程中，能否参与、参与到什么程度、观察到什么程度都是参与观察中所要关注的重要问题。

4. 深度访谈与问卷调查的有机结合

人类学田野调查除了参与观察以外，另一个重要方面就是深度访谈。有一些问题是难以直接观察出来的，只有通过深层次访谈才能把这些问题聊出来。这种深度访谈方法在效度上是很高的，即针对所问问题得到了真正需要的满意程度很高的材料。然而，深度访谈的信度却不一定高，即每次所问的结果未必相同，不一定能重复。与人类学深度访谈相比照的是社会学意义上的问卷调查。问卷调查的信度很高，具有可重复性，其最大困境就是有时效度很可疑，即得到的结果不一定令人满意。因此，在实际进行田野工作时，深度访谈与问卷调查需要相结合工作。

二、田野工作法在遗产研究中的应用

（一）田野调查与文化遗产研究

文化遗产是一个实践性很强的研究领域，最大限度地获取第一手资料就成为科学研究的前提。近年来，田野工作越来越受到遗产研究者们的青睐，许多有关的研究都是通过田野工作来开展预研究。目前，田野工作法在我国主要集中应用于非物质文化遗产的保护。从《保护非物质文化遗产公约》给出的"保护"定义来看，无论是单个的非物质文化遗产项目，还是某一地区非物质文化遗产保护的整体情况，田野调查都应该是诸如确认、立档、研究、保存等一切保护工作的基础，是使保护工作避免成为空中楼阁的最重要、最基础的环节和措施。另外，非物质文化遗产本身就是民众生活的一部分，要想了解非物质文化遗产及其传承规律，就必须深入民间、深入田野。当非物质文化遗产传承问题日益凸显时，田野调查仍然是及时发现、解决问题以抢救、保护非物质文化遗产最基本、最有效的方法。

在非物质文化遗产保护的田野调查中，要尊重地方文化，注重非物质文化遗产传承人的保护。同时，田野调查的目的是寻找非物质文化遗产的传承规律，从而为随之而来的非物质文化遗产保护提供切实可行的技术支撑。因此，为确保调查结论的真实性，调查者既要注意到非物质文化遗产自身的传承，也要注意人与人、非物质文化遗产与非物质文化遗产、非物质文化遗产与所依存生态环境的关系等。非物质文化遗产是一个以群落状态存在的有机整体，若缺乏整体观、系统观的片面调查，很容易导致"碎片化"的保护，使非物质文化遗产遭受更致命的保护性破坏。

非物质文化遗产保护与研究的田野调查工作大致可分为三个阶段进行。一是准备工作阶段：①明确目的，拟定提纲，说明存在的问题以及想要进行哪些方面的研究；②了解情况，搜集资料；③拟定调查计划，组织分工，建立制度。二是实地调查阶段：开好调查会，个别访问，及时收集实物。三是整理分析阶段：分类整理；分析问题；综合意见写出报告。

（二）具体案例分析

以杨源（2006）对民族服饰中非物质文化遗产的保护研究为例，从选题确立、前期准备、计划制订、资料分析等方面分析说明田野工作法在文化遗产保护中的应用。

1. 田野工作选题的确立

在文化遗产的田野调查工作中，选题的确立往往具有针对性或特殊的意义。调查组将"苗族服饰征集及服饰工艺调查"作为一个重点选题,原因主要有三种:①苗族服饰在中国民族服饰研究中具有重要地位,其文化内涵极为深厚,款式种类丰富多彩。苗族有100多个支系,就有百余种服饰,苗族服饰的演变堪称一部活的服装发展史。②苗族服饰工艺历史悠久,技艺精湛,其刺绣、蜡染、织锦和银饰工艺都极为出色,充分显示出苗族特有的艺术才华和文化底蕴。③苗族服饰的严重流失境外。从20世纪80年代末期至20世纪90年代,一些外国人在苗族地区重金收购苗族服饰,导致苗族服饰大量外流。

确定选题后,调查组历时两年的时间,走遍了贵州、广西、云南、四川、湖南等苗族聚居区,对苗族服饰开展了全面的田野调查和服饰文物征集工作,全方位征集苗族100多个支系的2000多件套服饰。同时,对苗族服饰工艺也开展了详细地考察与记录,如苗族刺绣、苗族银饰、苗族织锦、苗族蜡染、苗族服装款式、苗族服饰图案等,基本实现了选题的目标。

2. 田野工作的前期准备

田野调查的前期准备工作,主要包括两方面。一是文献资料的收集与研读。对选题所涉及的民族和文化尽可能地多做些了解,同时要关注前人的研究成果,力求补充前人之不足,找到最佳切入点。一个民族的服饰及其工艺始终与其民族总体文化紧密相连,因此田野资料的收集必须是综合的采录,查找的资料将涉及许多学科,包括与调查地点相关的生态环境、历史渊源、社会组织、宗教信仰、生活习俗、文化艺术及人口学等方面的资料,这些都是在做田野调查之前必须要查询和研读的。例如,在对赫哲族鱼皮服饰工艺开展田野调查时,调查组前期就查阅了大量有关赫哲族历史、鱼文化史,以及赫哲族渔猎生产的著作、地方志、社会历史调查报告等资料。二是必要的物质准备。例如,最新的高清地图、摄影录音设备、测绘工具、记录表格、移动硬盘等调查记录必备用品。这两项前期准备工作十分重要,关系到田野调查是否有成效,田野笔记是否完整准确。

3. 田野工作的计划制订

田野工作计划的制订包括田野调查大纲、文物征集大纲、人员组成、地点选择、调查方式、时间安排等内容。民族事象都蕴含着复杂的文化意义,而文化的意义又不能轻而易举地在田野中发现,因此,不仅要具有一定的田野调查经验,更重要的是要有一个周密的田野调查计划,否则在田野调查中会因为缺乏明确的调查目标而造成所调查的内容厚薄不均或缺失遗漏。田野调查之前,在资料研读的基础上,根据选题需要制订一个较为全面的调查计划是十分重要的,其中田野调查报告(提纲)的制定是最基本也是最关键的。

田野调查的工作方法，既要关注文字记录，也要注重文物征集、影像拍摄。文字记录是调查中必不可少的方法，包括日记、工作日志、谈话记录、文献抄录和文物描述等，要注重记录的真实性。此外，这些文字记录必须标明日期、地点和被调查者的姓名、年龄等。事后的补充调查也是必要的记录方式。文物征集的原则是征集那些有文化价值、艺术价值和历史价值的文物，每个典型地区要征集的物品都应实现列出名目和大致的估价，做好经费预算。资料拍摄方面，包括图片资料和影视资料，应事先确定若干主题，以便拍摄时有所侧重。

在行程时间安排方面，要做到点、面结合。跑面，即每个地方停留时间不长，但能走访较多的地方，以便对考查内容有一个较为广泛的了解。蹲点，即在选定地点停留较长时间，完成专题调查。可以先跑面再做专题调查，也可以先点后面，相互补充，这样可以收集到全面系统的田野考察资料和文物资料。

考察地点的选择也很重要。考察地点的选择是由调查目的和要求决定的，每次调查目的不同，选择的地点也不同，实际需要和客观的可能是选择调查地点的重要依据，但总体上要求选择有代表性的典型地区。例如，在对苗族服饰征集及服饰工艺展开田野调查时，将黔东南地区作为考察的地点之一，因为这里是苗族服饰最为精美之地，其织、绣、染技艺都堪称苗族服饰工艺之最，且这里也是苗族服饰流失境外最为严重的地区，抢救工作刻不容缓。

4. 田野工作的资料分析

田野工作的资料分析就是将田野调查获取的第一手资料，通过研究升华为理论和依据，把田野资料与研究目标联系在一起，在所拟定的研究范围内分析所收集的各部分资料及其相互的联系，论证想要说明的问题，或证实和发现某种文化现象。在做田野工作的资料分析时，要注重资料的全面性、系统性，注重分清其历史层次性，对每种文化进行历史分类，分清早、中、晚期，对每种工艺要总结它的发生、发展和消失过程。同时，也要注意区分民族文化的特征。例如，调查组正是基于丰富的田野资料和实物资料，在对毛南族织锦征集和工艺调查之后，通过综合的资料分析最终确认了毛南族存在与壮族各自不同的织锦特色，毛南锦的确真实存在，在广西环江诸地发现的土锦是毛南锦而不是壮锦。并且，通过对毛南锦织造工艺和纹饰的进一步分析，调查组发现毛南锦具有明代汉族织造工艺的特点，其花纹造型则具有宋明时期的织物纹饰特征。这个发现对于认知毛南族文化史意义重大，结合毛南族社会历史综合分析，还可进一步推断毛南族至少在明代以前已普遍接受汉文化。

第三节 个案研究法

一、个案研究法概述

个案研究法是指对某一个体、某一群体或某一组织在较长时间里连续进行调查，从而研究其行为发展变化的全过程，这种研究方法也称为案例研究法。个案研究法最显著的特征是描述客观世界的真实故事，而且大多是以纯粹客观的态度，运用归纳的方法，通过解剖"麻雀"，从中总结或提取普遍性原理，即把个案一般化。20世纪90年代以来，文化遗产研究取得了长足发展，产生了一系列代表性学术著作，这些著作大都采用个案研究。这是因为"遗产"是一个高度民族主义的话语，因此更易于使用比较和归纳的方法。特殊背景下的遗产案例研究日渐变成一种研究规范。

（一）个案研究法的对象

在大多数情况下，尽管个案研究以某个或某几个个体作为研究的对象，但这并不排除将研究结果推广到一般情况，也不排除于个案之间作比较后在实际中加以应用。对个案研究结果的推广和应用属于判断范畴，而非分析范畴。个案研究的任务就是为这种判断提供经过整理的经验报告，并为判断提供依据。在这一点上，个案研究有点像历史研究，它在判断时常需描述或引证个案的情况。因此，个案研究法亦称"个案历史法"。

个案研究法最显著的特点是其研究对象的普遍性。个案研究法广泛应用于文化遗产保护和利用的理论研究、应用研究，文化遗产的政策研究和文化遗产法律案例研究等诸多方面。我国文化遗产资源类型丰富且各有特色，运用个案研究法不仅可从纵向深入剖析某一典型遗产资源或地区，而且能够从横向拓展到更为普遍适用的层面去指导遗产保护研究工作。例如，以中西方各国不同时期、不同地域、不同风格，具有典型特征的文化遗产为对象进行个案研究，在合理归纳的基础上做出科学公允的评价，分析其原因，明晰其态势，总结其规律。

（二）个案研究法的特征

1. 研究对象的典型性和个别性

个案研究的对象是个别的，却不是完全孤立的个别，而是与其他个体相联系的，是某一个整体中的个别。对这些个别对象的研究必然在一定程度上反映其他个体和整体的某些特征和规律。个案研究的目的固然是了解把握某个个体的具体情况，但也要通过一个个个案的研究，揭示出一般规律。

2. 研究过程的深入性和全面性

个案研究既可以研究个案的现在，也可以研究个案的过去，还可以追踪个案的未来发展。个案研究可以做静态的分析诊断，也可以做动态的调查或跟踪。由于个案研究的对象不多，因此，研究时就有较为充裕的时间，对所选取事例或案例进行深入剖析研究，以获得丰富生动的资料，从而进行全面系统的分析与研究。

3. 研究方法的多样性和综合性

个案研究有自己的研究方法，如下面要介绍的追踪法、追因法、临床法和产品分析法等。然而，个案研究又不是完全独立的研究方法。为了搜集到更多的个案资料，从多角度把握研究对象的发展变化，综合各种研究手段。

（三）个案研究的过程

1. 确定研究对象

实施个案研究，首先要明确研究问题与研究目的，并在此基础上确定某一方面具有典型意义的人或事作为研究对象。

2. 收集、记录与整理个案资料

客观、准确、详细地收集有关个案的研究资料，可采用书面调查、口头访问的方式，也可采用观察、测验、评定的方式，还可以通过查阅个案的个人资料的方式获得信息。在资料收集过程中，应关注资料的广度与深度，保证资料的关联性，并建立个案研究资料库。记录与整理既是个案资料收集的最终结果，也是资料分析的起点和基础，要尽可能快地对收集到的资料加以组织、分类处理，为资料的分析提供更有效的参考性。

3. 个案资料分析

在广泛收集个案资料的基础上，对个案问题做出明确的诊断分析，并提出解决问题的策略和指导性意见。例如，从研究对象的主观上分析，了解行为发生的内在动力，如动机、态度、情感等与行为及其结果的因果联系。或者，从现状—过程—背景维度出发，分析个案当前发展的现状、水平，探究个案现象形成和发展过程中与现有水平的动态关系，进一步分析影响个案现象发生的背景因素，以此来了解个案发展变化的基本特点、规律，以及影响个案发展变化的各种因素。

4. 形成个案研究结论

在广泛收集个案资料的基础上，进行讨论和评估，得出研究结论，提出解决问题的建议对策，撰写个案研究报告。

二、个案研究法在遗产研究中的应用

(一)研究方法

1. 追踪法

个案追踪法就是在一个较长时间内连续跟踪研究单个的人或事,收集各种资料,揭示其发展变化的情况和趋势的研究方法。追踪研究短则数月,长达数年或更长的时间。如经过长时期追踪研究某地非物质文化遗产的传承与发展变化,深入了解其传承的演变过程与方式。

2. 追因法

追因法是先见结果,然后根据发现的结果去追究其发生的原因。例如,某地遗产保护与发展情况不佳,我们去追寻原因,从政策管理、规划实施、价值挖掘和传播方式等多方面深入探究其原因,这就是追因法。

3. 临床法

临床法往往通过谈话的形式进行,故又称临床谈话法。临床谈话法的方式可以是口头谈话,即面对面地交谈;也可以是书面谈话,即问卷谈话。如在进行文化遗产保护的研究工作中,与当地居民、工作人员等进行访谈,直接获取资料。

4. 产品分析法

产品分析法又称活动产品分析,它是通过分析研究对象的代表产品,如某地的建筑、文字记录、绘画、工艺作品等,以了解该地文化遗产的特性。产品分析法作为个案研究的一种方法,往往需要与实验法相结合,设置对照组,观察文化创造与输出的实际过程,以获得更加科学的结论。

(二)具体案例分析

以沈琪蕊(2014)对土家族女儿会大众媒体传播的调查研究个案为例,从确定个案对象、收集资料、研究问题和提出对策建议等方面分析个案研究法在文化遗产保护研究中的实际应用。

1. 确定个案对象、收集整理资料

本书之所以选择土家女儿会作为研究样本,是因为近年来以土家女儿会为契机向世界推介恩施土家族苗族自治州这一少数民族地区,因此其成为民族非物质文化的大众传播与地区发展议题中的一个典型。

在确定土家女儿会为少数民族非物质文化遗产大众媒体传播的个案研究对象后,调查组从土家女儿会的文化内涵、大众传播现状调查、传播受众与传播效果调查三方面对个案进行资料收集、整理。调查主要通过文献资料、网络报道、调查问

卷三种方式进行。

2. 个案对象现状问题描述

根据个案资料的收集、整理，进一步分析、探讨大众媒体在土家女儿会传播中存在的问题。一般来说，涉及的主要问题有：①整体报道数量少，地区保护主义严重；②新旧媒介传播发力不足；③报道视角单一、内容同质、片面、肤浅，民族文化特色缺失；④大众传媒的传承社会遗产功能缺失等。

3. 针对现有问题进行具体对策分析

在这一阶段研究中，要根据具体问题具体分析的原则，总结出适用于个案对象的针对性措施。例如，加大区内外媒体对土家女儿会的报道；传统媒体与新媒体有机结合，打造立体传播渠道；深挖土家族女儿会的文化内涵，提高大众传播的文化深度；推动土家女儿会成为传媒关注的常态；增加大众媒体报道的接近性、可读性，强化与受众的联系；增强土家族自媒体传播意识，提高少数民族文化保护传播的自觉性等。

第四节 文本分析法

一、文本分析法概述

文本分析法是指通过对文本本身的文字、符号、语境等来解析、鉴别并作归类整理，在此基础之上挖掘文本的间接的、潜在的动机和效果。从文本的表层深入到文本的深层，从而发现那些不能为普通阅读所把握的深层意义。文本分析法建立在文献收集的技术上，而文献搜集方法是目前文化遗产研究最主要的方法之一，一般而言这种方式花费少、效率高，所获得的信息比口头情报来得真实、准确，但同时需要注意对信息真假的甄别，以及对庞大信息的筛选。而相关报纸、地区志等文献会为研究者提供非常有价值的信息，省去不少时间。

（一）文本分析法的特征

1. 客观性

用事实以及数据说话，是文本分析法客观性的主要表现。所分析的对象，对文本分析法来讲，则是十分显著的文本外部特征。该方法在运用中从不凭空推测分析对象背后可能含义，而是依赖于固有的分析程序来得出结论。一旦研究目的与范围确定，就要尽量排除人为因素的影响，做到客观、无偏向。

2. 系统性

一般而言，文本分析的对象都是大量的、系统化的、具有一定历时性的文献，要面对如何确定调查范围和取样的问题。系统化调查取样是分析的基本前提，必须有足够的数据来克服可能出现的随机偏差。除语言符号分析等特殊情形之外，单个的、少量的文献通常不能作为分析的依据。

3. 非接触性

文本分析都是通过对二手资料进行的间接、非接触式的研究方法，这一点与社会调查、访谈、实验等研究方法有着根本的差异。如基于对有关法律、法规和政策文本等简介资料分析我国文化遗产传承人建档保护的体制机制及其基层实践状况。

4. 主观参与性

在文本分析法的运用中，比较容易因研究者为自身价值观念、政治立场、知识构架、认知体验所影响，而对文本中各种符号的"所指"得出不同结论，相对的主观性是该方法不可避免的。

(二)文本分析的要点

1. 提炼文本内容的研究意义

研究者在进行文本分析时,目的是从文本中寻找研究意义,这个意义可能是文本自身所具有的,也可能是研究者经由观察与搜索的过程所给予文本。比如在遗产研究这样一个多学科多领域的交叉发展中,对于文化遗产的保护与传承来说,通过传承人的自传、遗产演进史、民族志等进行文本分析,能够提炼并赋予该文化遗产持续传承与发展的理论意义与现实意义。

2. 描述文本内容的结构与功能

文本结构是相关元素连接起来成为一个有意义的文本过程,文本结构的分析,重视对这些信息元素的组织化过程。这个结构过程通常有两种,一是文本本身内在个别元素之间的结构,二是这些内在个别元素之间结构的互动所形成的一个整体性架构。文本功能的分析强调该项分析的目的。

3. 了解文本产生的相关变量

文本的产生,必然有历史和社会方面的因素,在文本分析的过程中比较关键的一部分就是了解文本产生的相关变量,比如搜集不同时期关于某个遗产地研究的重点及实施的保护策略文献资料,分析影响其持续或者变化的相关因素,便于总结经验以及完善发展。

二、文本分析法在遗产研究中的应用

(一)网络文本分析与文化遗产研究

随着大数据、人工智能等学科的发展,文本提取正向着数字化、智能化、语义化的方向深入发展,基于网络文本分析的文化遗产研究逐渐成为一门趋势,是文本分析法在文化遗产研究中的重要应用。近年来,越来越多的研究者注重对游客网络游记文本进行分析,研究的主题涉及遗产旅游目的地旅游形象、游客认知、空间分布等方面。

网络文本分析是基于web2.0技术的广泛推广而得以实现的。随着互联网的普及和发展,基于网络文本分析的遗产旅游目的地研究往往会选取相关网站的"分享旅游体验贴"或者是游客点评,通过网络爬虫工具如八爪鱼、火车头等采集器,以及Python网络爬虫方式等进行网络数据资料采集。网络文本是从网络上直接获得的数据样本,有学者会将网络文本数据与传统的问卷调查数据相结合,使研究更具有说服力。对文本进行采集后,进一步运用内容分析法对采集到的文本进行分析。例如,使用ROST软件中的高频词、语义分析、情感分析工具进行分析,使用UCINET

软件、KHcoder软件进行社会网络分析，或者结合层次分析法、ASEB、扎根理论等进行其他定性研究。

（二）具体案例分析

以张瑛等（2020）对基于网络游记的大运河文化遗产游客感知研究为例，来进一步分析网络文本分析法在文化遗产游客感知研究中的实际应用。本文将大运河作为研究对象，基于网络游记的数据，使用网络文本分析法，从大运河沿线城市、游客对大运河遗产点文化感知、情感感知和整体文化遗产形象感知方面阐释大运河文化遗产游客感知处于初级阶段的机理，并提出大运河文化遗产感知的提升策略，为大运河旅游开发和发展方向提供借鉴。

1. 研究设计

通过在艺龙旅行网、百度旅游网、马蜂窝旅游网搜索栏键入以"运河旅游"为关键词的字段进行搜索，利用Python网络爬虫方法将游记内容按照设置规则抓取至计算机本地作为研究数据来源。为了研究分析的全面性和准确性，抓取内容尽可能全面详细，主要包含游记的标题、发布者、出发时间、行程天数、旅游目的地和游记详细内容等。剔除没有参考价值的数据，共选用2009—2018年的有效游记443篇，每篇游记的文字数量均在1 000~5 000字。选用ROST Content Mining 6软件，采用网络文本分析方法，对文本文件进行词频分析、语义网络分析和情感分析。在以上统计结果的基础上，深入挖掘游客对大运河文化遗产的感知层面。

2. 数据分析

本文主要对文本内容进行词频分析、语义网络分析和情感分析，评估游客对大运河文化遗产感知的特点和层次。

（1）将游记中游客对大运河旅游描述的高频特征词按出现的频次由高到低选取与研究主题相关的所有词汇，制成高频词表。以高频词表为基础，进一步归类分析。例如，通过"申遗""文化遗产""漕运""古代遗址""运河文化"等高频词的描述，反映了游客对大运河文化底蕴的感知，但没有达到文化深度体验层面。从"旅游""码头""游船""风景""休闲""夜景""惬意""散步""观光"等高频词可以看出，当前大运河的功能从古代的漕运交通逐渐转向休闲观光旅游，使得大运河重新焕发生机。

（2）挖掘高频词之间的关联指向属性，分析高频词反映的游客对大运河旅游感知的直接或间接关系，使用语义网络分析功能，通过高频词表、行特征词表和共现矩阵词表构建可视化语义网络。例如，游记文本内容以"运河"为第一中心聚集，也形成了以"京杭大运河""杭州""中国""文化""江南""历史""古运河""博物馆"为第二中心聚集。"运河"与"京杭大运河"的关联性很强,这说明了游客对大运河的感知重点关注了"京杭大运河"河段,由此可知京杭大运河在中国运河文化中起到了代表性作用。

(3)对大运河文化遗产感知进行综合分析。例如,通过分析网络游记中关于提及城市的词表,抽取出游客在网络文本中提及的城市和省份,对沿线城市进行文化感知分析,可以看出游客对大运河文化遗产的整体性和空间性感知较强,对大运河的概况也形成了总体认识。而抽取游客在网络文本中提及的河段与遗产点进行分析,则发现游客对于大运河只有片面模糊的感知,对大运河深层次的、富有文化内涵的感知相对缺失。此外,通过游客对大运河文化遗产感知情感分析,可以看出超过一半的游客没有明确表达对大运河的情感倾向,这也说明游客对大运河文化遗产没有具体的了解,只是走马观花式的观光,没有情绪的强烈感知。

3. 得出结论与建议

游客对大运河文化遗产感知具有偏好性、表层性、综合性。游客选择大运河旅游目的地的偏好和地理位置有关;现阶段对于大运河以欣赏自然风光为重心,缺乏深层文化内涵的探索。同时,游客对遗产点有概括性认识,而且大运河文化遗产的整体形象感知比对具体遗产点的感知要明显。由此可见,大运河文化遗产游客感知层次仍处于发展的初级阶段,要从完善大运河沿线城市旅游基础设施、构建大运河深层文化体验型旅游产品体系、构建全面的大运河文化遗产解说系统、使用科技手段复现大运河历史文化原貌、政府和旅游企事业共同构建大运河文化带等方面提升游客对大运河文化遗产的感知积极性。

第五节 主客位方法

一、主客位方法概述

主位和客位方法伴随着人类学田野调查工作方式及"参与式"观察而出现，成为人类学田野调查以及民族志撰写中应用较广泛的一对相对应的研究视角或研究立场。主体与客体对于价值观有着不同的视角，称之为主位与客位。

（一）主位研究与客位研究

主位研究是指从研究对象的视角看待民族或文明现象。也就是说，研究者不凭自己的主观认识，尽可能地从当地人的视角去理解文化，通过听取当地提供情况的人即报道人所反映的当地人对事物的认识和观点进行整理和分析的研究方法。主位研究将报道人放在更重要的位置，把他的描述和分析作为最终的判断。同时，主位研究要求研究者对研究对象有深入的了解，熟悉他们的知识体系、分类系统，明晰他们的概念、话语及意义，通过深入的参与观察，尽量像本地人那样去思考和行动。

客位研究是指从研究者的视角看待民族或文明现象。也就是说，研究者以文化外来观察者的角度来理解文化，以科学家的标准对其行为的原因和结果进行解释，用比较的和历史的观点看待民族志提供的材料。这样在研究理论和方法要求研究者具有较为系统的知识，并能够联系研究对象实际材料进行应用。

（二）主位研究与客位研究的优缺点

主位研究会尽量让当地研究对象即局内人说话，由于是"从内部看文化"，研究者与研究对象享有共同的文化，因此与其他局外人相比，研究者能更透彻地理解当地人的思维习惯、行为意义和情感表达方式，更容易进入当地人的情感领域，更深刻地理解当地人的本土化语言及其意义。研究者将自己置于当地人的情境，尊重当地人的意见，充分表达当地人的意愿，能够心领神会地理解当地人的许多事情，更有助于挖掘其他局外人无法获得的一些重要信息，真正实现研究结果与实际生活的完美结合。当然，也应该看到，研究者以"局内人"身份介入当地人的日常生活，有可能会影响实地调查的效度。过多地介入当地社会生活，使研究者可能对研究对象在日常生活中表露出来的隐含意义失去敏感性，甚至"想当然"地去模式化应对，从而导致意义的流失或隐退。

客位研究也有自己的优势和不足。客位研究是"从外部看文化",研究者更容易看到整体文化结构以及整体文化与其他文化之间的联系。在客位研究中,研究者会提出一些"局内人"不太可能提出的问题,从而实现对"局内人"文化和行为更深入的理解。同时,"局外人"视角有助于认清文化再诠释的必要性,挖掘其他文化的独特含义,在不断比较研究者自己理解与当地人解释中去发现其他文化存在的价值,也就是实现研究者与研究对象在意义层面上的积极对话。当然,客位研究也存在着不足。研究者通过与研究对象的互动,能够阅读研究对象各种社会活动所具有的符号意义。客位研究的关键在于,阅读双方并不一定能够获得相同的理解,甚至会得出相悖的看法。因此,需要研究者在意见分歧中寻求平衡点。

"主位研究"和"客位研究"是田野调查的两种研究视角,两者各有优缺点,其划分也不是绝对的。在实地调查过程中,很难有完全的"主位研究",也很难有完全的"客位研究"。学者们认为,在调查中获取了本位观念之后,还是会同较基本的理论问题联系起来做进一步的研究并形成客位观念。因此,主位方法是我们观察研究文化的重要出发点和基础,同时需要客位的分类和资料收集形式,这样可以对观察单位的定义提供有意义的指导。因此,社会研究者可以使用多种主位和客位相结合的方法来透视各种社会问题,以实现对社会问题更好、更全面的理解。例如,研究者可以用主位方法来收集调查数据,在整理和分析数据时,以受访者的意见和证据为基础,跳出具体的研究情境,用客位视角来审视和解读研究对象,在撰写研究报告时,用研究者口吻而不是受访者口吻来报告研究结果并阐发研究意义。

二、主客位方法在遗产研究中的应用

主客位分析方法是人类学对于文化分析的主要方法,涉及研究的不同视角和观念。非物质文化遗产以活态传承至今,是有着明显的个体或群体传承人的文化现象。对于非物质文化遗产的认知也存在主位和客位的差异,把握好非物质文化遗产的主客位观点,合理地分析与应用主客位方法,将对我国非物质文化遗产的保护与利用起到促进作用。

(一)非物质文化遗产保护中的主客位认知

非物质文化遗产是一个全新的概念,从其所指以及所立项的项目来看,大多是指一些有着悠久历史的地方民俗传统,这些世代相传的风俗与地方社会的运用及群体所处的生态环境息息相关。在地方社会环境中长大的社会成员,从出生起就很自然地接受了祖辈留传下来的"主位观念"。非物质文化遗产的主位观念,代表了社区、群体或个人的文化主体对传承文化的价值认知,这些认知是祖辈留传下来的价值观及思维模式。对于这种主位观念，我们必须保护并予以尊重，这是非物质文化遗产保护和利用的出发点和基础。

在非物质文化遗产保护工作中，除了社区、群体或个人等传承主体外，还存在着一个以政府为主导的政府、学界、商界、新闻媒体以及公众等组成的非物质文化遗产保护的客位体系，他们虽然与传承无直接的关系，却是对非物质文化遗产传承起着重要推动作用的外部力量，从制度角度参与非物质文化遗产的分类和评定，并从组织机构、财政支持、商业开发，以及媒体宣传上保证非物质文化遗产保护和利用工作的可持续发展。政府、学者、商界、新闻媒体及公众作为非物质文化遗产保护的"客体"或"外来人"，在制定政策、参与决策、实施及宣传工作中，与非物质文化遗产的传承人一起成为文化遗产保护的主要力量。然而，主位与客位因为处在非物质文化遗产的不同角度，因而以政府为代表的"客体"常常与以传承人为主体的"本土人"的观念存在错位。

如何在保护中协调好两者的关系，使政府、学者与非物质文化遗产传承人之间保持一种相互尊重、相互理解的关系，是非物质文化遗产保护发展的关键。因此，非物质文化遗产主客位方法必须有机结合，相互补充，只有这样才能真正发挥非物质文化遗产的主体能动性，同时发挥政府、学界、商界和公众的合力，对非物质文化遗产的保护发展提供指导。

（二）具体案例分析

以施金凤等（2020）基于主客视角的节事活动对非物质文化遗产认知与形象影响差异研究为例，进一步分析说明主客位方法在遗产研究的实际应用。该文从节事活动和非物质文化遗产发展的主体（居民与游客）出发，以运河嘉年华为例，在调查问卷数据分析的基础上，通过主客位视角探究了节事活动对非物质文化遗产认知与形象影响的差异。

1. 数据收集

以"江苏邳建·2019运河文化嘉年华"为研究案例，选取现场活动的参与者为调研对象，随机向其发放问卷。整个调研过程中对问卷进行甄选，最终回收问卷405份，剔除无效问卷后，共获得有效问卷363份作为最终样本用作数据分析。

2. 实证分析

首先研究对样本数据进行信度和效度的检验，再通过因子分析提取非物质文化遗产认知和非物质文化遗产形象两个因子。其次，通过均值比较与 t 检验来比较居民和游客对运河非物质文化遗产的认知和对运河非物质文化遗产形象的感知是否存在差异并加以分析。通过对居民和游客进行非物质文化遗产认知与非物质文化遗产形象感知以及t检验分析可以发现,居民的整体感知强于游客的感知,在对非物质文化遗产形象的感知方面,居民也高于游客。

3. 研究结论与启示

通过分析居民与游客对非物质文化遗产认知和非物质文化遗产形象感知的差异,最终得出结论:居民与游客对于非物质文化遗产认知和非物质文化遗产形象总体持正向态度,即对于运河非物质文化遗产有基本认知且能够通过节事活动的举办感受到文化内涵,并提升对非物质文化遗产的整体认知和形象感知。同时,居民与游客对非物质文化遗产认知、非物质文化遗产形象感知均存在显著差异,即居民对于非物质文化遗产的认知和非物质文化遗产形象的感知均优于游客。

基于主客位视角,调研组又对如何进一步优化节事活动,提升公众对非物质文化遗产的认知及后续传承发展提出了若干建议。例如,一方面,要尊重并鼓励居民参与,重视居民的文化身份,维护好居民和非物质文化遗产之间的情感和联结,使节事活动成为展示独特非物质文化遗产的舞台。另一方面,要根植于非物质文化遗产,在保持非物质文化遗产原真性的基础上,充分考虑游客的潜在文化需求,并将其转化为现实的文化消费,增加体验类活动、非物质文化遗产公演、多维展示等项目,吸引游客参与其中真正去触及非物质文化遗产。与此同时,加强主客沟通,借助居民对于非物质文化遗产的宣传,改善信息不对称的现象,从而提升游客的归属感,保证非物质文化遗产的稳定传承。

课后思考题

1. 文化遗产保护需要借助哪些研究方法?
2. 目前文化遗产研究有哪些新的方法?

第六章 构建中国文化遗产保护发展体系的理论基础与研究内容

文化遗产具有"基础性"和"应用性"两大特征。文化遗产研究的基础理论是关于文化遗产的界定、属性、形成机制、评价、发展的基本原理研究，不仅涉及"古物""文物""考古""民俗"等学术概念，而且要进行历史学、考古学、文物学、资源学、古建筑学、博物馆学、文化人类学、民俗学等跨学科研究。文化遗产研究首先要回答一些根本问题，例如：文化遗产形成的社会背景及其文化生态演变是怎样的？如何进行文化遗产的价值评价？文化遗产存在的形态和价值受到什么因素影响？文化遗产应当如何保护与发展？文化遗产研究同时强调"应用性"，研究成果可以进一步为当代社会发展所服务。例如，对文化遗产的保护方法、技术和政策进行研究，对文化遗产加以利用的可行途径、模式和措施等进行研究。

基于文化遗产学科的"基础性"与"应用性"特征，结合价值论、系统论和控制论等理论基础，文化遗产保护发展体系可以分为表层结构、中层结构和深层结构三个层次。与之相对应，文化遗产保护发展体系的研究内容应该包含宏观、中观和微观三个层面。其中，宏观层面研究发挥主导作用的深层结构，主要是价值取向、思想观念、理念原则、思路举措等，中观层面研究发挥保障作用的中层结构，主要是外部环境和法律规章、体制机制、人才资金等内部结构，微观层面研究发挥支撑作用的表层结构，如文化遗产保护科学技术、装备应用等。

第一节 理论基础

一、价值论

价值论是关于社会事物之间价值关系的本质与发展规律的学说。作为哲学范畴，价值是指在实践基础上形成的主体和客体之间的意义关系，是客体对个人、群体乃至整个社会的生活和活动所具有的积极意义。人对于客观世界的认识分为两大类：一是关于客观世界各种事物的属性与本质及运动规律的认识；二是关于客观世界各种事物对于人类的生存与发展的意义的认识，也就是价值论。价值论主要从主体的需要和客体能否满足主体的需要及如何满足主体需要的角度，考察和评价各种物质的、精神的现象及主体的行为对个人、阶级、社会的意义。某种事物或现象具备价值，就是该事物和现象成为人们的需要、兴趣的所追求的对象，是人的需要、兴趣、目的，并随着社会环境而改变。

价值具有普适性、多样性与社会历史性的多重特征。普适性决定了价值在凝聚民族精神、维系民族文化方面发挥着重要作用。多样性是指同一客体相对于主体的不同需要会产生不同的价值；社会历史性则是指主体和客体以及主客体之间的关系发生变化会导致人们对价值的判断发生改变。在西方哲学理论体系中，价值论是与存在论和认识论并列的理论分支，其中，价值观是哲学世界观的重要内容，价值思维是哲学思维的重要方式。

将价值论运用于我国文化遗产保护发展理念的构建，集中体现为价值哲学对遗产保护发展理念的目标取向性，它将影响遗产保护发展在理论上的系统性、观念上的认同性、意念上的连续性、情感上的可原性、数理逻辑上的相容性、自然法则上的和谐性和语义逻辑上的一致性。价值的普适性、多样性和社会历史性决定了我国既应有对西方文化遗产保护理念的兼容吸收，确立人类对待文化遗产态度上的共同追求和理想目标，也应在尊重这些代表人类基本价值共识的公约的同时，充分考虑我国文化独特性，不仅要对我国传统儒家思想、农本思想等价值观进行诠释和取舍，还要结合我国国情对文化遗产价值体系和评判制度进行创造性探索。

二、系统论

系统论的基本思想是把研究和处理的对象看作一个整体系统，研究系统的结构、特点、行为、动态、原则、规律以及系统间的联系。系统论的核心思想是系统的整体观念，任何系统都是一个有机的整体，它不是各个部分的机械组合或简单相加，系统的整体功能是各要素在孤立状态下所没有的性质，正如亚里士多德的名言"整体大于部分之和"。同时，系统中各要素不是孤立地存在着，每个要素在系统中都处于一定的位置上，起着特定的作用。要素之间相互关联，构成了一个不可分割的整体。要素是整体中的要素，如果将要素从系统整体中割离出来，它将失去要素的作用。

系统论的基本方法，就是把所研究和处理的对象当作一个系统，分析系统的结构和功能，研究系统、要素、环境三者的相互关系和变动的规律性，并优化系统观点看问题。系统论的主要任务是以系统为对象，从整体出发来研究系统整体和组成系统整体各要素的相互关系，从本质上说明其结构、功能、行为和动态，以把握系统整体，达到最优的目标。也就是说，研究系统的目的不仅在于认识系统的特点和规律，更重要的是调整优化系统结构，协调各要素关系，使系统的存在与发展合乎人的目的需要。

文化遗产保护是一个系统工程，运用系统论有助于厘清文化遗产保护系统内部、系统环境以及系统变化之间的逻辑关系：①文化遗产保护涉及建筑、考古、历史、地理等相关学科，是一个由各个子系统构成的整体，包括管理、法律、教育科研等各个亚系统，各子系统间相互影响、相互作用。②社会环境、自然环境和人是文化遗产保护系统外部边界的三大要素，社会环境中的政治制度、宗教信仰、经济状况和科技水平都对文化遗产保护发展有着巨大影响，而自然环境的差异可能导致保护手段与方法的区别，作为保护主体的人决定着保护研究、保存制度和民众意识。③系统内部之间关系链接，如教育培训对管理队伍的充实，法律体系对预防、治理、修缮的规定等等，影响着文化遗产保护发展的实际运行状况。总之，系统内部结构的维护是任何文化遗产保护获得成效并不断发展的基础，结构优化是文化遗产保护发展中的重要内容和根本保障。

三、控制论

控制论是研究系统的状态、功能、行为方式及变动趋势，控制系统的稳定，揭示不同系统的共同的控制规律，使系统按预定目标运行的技术科学。现代社会的许多新概念和新技术几乎都与控制论有着密切关系。在控制论中，"控制"指为了"改善"某个或某些受控对象的功能或发展，需要获得并使用信息，以这种信息为基础而选出的、于该对象上的作用。作为一门研究动态系统在变的环境条件下如何保持平衡状态或稳定状态的科学，以及综合研究各类系统（动物、人类和机器）的控制、信息交换、反馈调节的科学，控制论已经渗透到几乎所有的自然科学和社会科学领域。

控制的思维是一个闭环，控制论的观点是高度抽象的，任何自治系统都存在相类似的控制模式。借鉴现代控制论思想对文化遗产保护发展的意义在于，可将文化遗产看作是一个控制系统，探讨如何利用最优控制、最优设计和系统辨识使文化遗产保护发展达到最佳状态。尽管控制论发端于自然科学，但它所探讨的关于系统的相关关系、组织结构、运行机制、控制过程等方面，具有重要的方法论意义。从理论上讲，控制论适合于工程的、生物的控制论的理论与方法，也适合于分析和说明文化遗产保护发展管控问题，如新技术在文化遗产保护发展中的应用、分级干预保护中的控制方法等。

第二节 研究内容

一、宏观层面

运用价值论方法，解析我国传统哲学思想对文化遗产保护发展理念的影响，包括各个流派的价值观思想，如儒家的道德哲学对文化遗产真善美价值的释义，道家的自然主义超越价值观与文化遗产意境美学的关系，墨家的功利实用价值观对文化遗产价值的认知及对修复方式的导向，以及宗法礼制、符号象征等民俗观念对建筑制式的影响。同时，构建中国文化遗产保护发展体系，也应了解西方主流价值观对西方文化遗产保护发展理念的指导意义，相关流派的主要思想及发展历程，以及对世界文化遗产保护发展理念的主要影响。

二、中观层面

运用系统论的方法，研究文化遗产保护发展与外部边界环境之间，以及文化遗产保护发展内部各子系统间的相互渗透，揭示其通过系统良性运行机制所形成的有机联系性与系统整体性。外部环境研究包括如何将文化遗产保护纳入生态环境建设，以生态环境建设促进文化遗产保护发展，以文化遗产保护发展提升生态环境的文化内涵。内部结构主要研究内容应涵盖以下四方面：①保护管理体系，包括研究如何建立或优化文化遗产登录制度、建筑管理制度、保护官员制度、公众参与制度及监督体系等；②资金保障体系，包括如何构建以国家占主体、市场资金参与运作、民间慈善及文化基金支持相结合的全方位资金保障体系；③教育科研体系，包括如何设立并发挥文化遗产保护发展的研究机构、教育体制与培训体系的作用；④法律保障体系，充分掌握我国法律保障体系现状和国家、地方各级法律法规内容，研究如何加强法律法规建设对我国文化遗产保护发展的规范、指导和引导作用。

三、微观层面

运用控制论观点，进一步对国际普遍遵循的文化遗产保护修复原则展开"本土释义"，开发适合我国文化遗产结构特点的保护、修复技术措施。如对文化遗产资源进行分级干预，针对不同的遗产状况采用维持现状、加固性修复、修补性修复、复原性修复、重建性修复、适应性再利用等手段。研究运用新技术对文化遗产风貌进行维护，对文化遗产进行科学考据和技术处理，对数字博物馆进行信息化建设等。

课后思考题

1. 如何认识文化遗产学科的"基础性"与"应用性"？
2. 如何构建文化遗产研究的内容框架？
3. 近十年来，文化遗产研究取得了哪些成果？形成了哪些主要的研究领域？

第七章 中国文化遗产保护发展体系的内容构成

第一节 保护发展理念

按照新时代中国特色社会主义文化建设的实际需要，紧扣文化遗产的历史内涵和时代价值，中国特色文化遗产保护发展理念的主要内涵可概括为：保护与传承为主，发展与创新为要；保护与发展并重，传承与创新并举。

保护、传承、创新和发展是新时代中国文化遗产保护发展应秉承的根本理念，四者相互贯通、缺一不可。①保护与传承是文化遗产事业永恒的主题，同时也是文化遗产工作者的主责和主业。任何时候、任何情况下都要始终坚持保护与传承为主的理念，要像爱惜自己的生命一样保护传承好中华民族的一切优秀文化遗产。②发展与创新是践行保护与传承的关键和要害，同时也是行之有效的方法和手段。要始终坚持发展与创新为要的理念，以发展促保护，以创新促传承。③保护与发展并重、传承与创新并举是推进文化遗产事业应坚持的正确态度。要始终把保护与发展、传承与创新摆在同等重要的位置，不可偏废。只有坚持保护与发展并重、传承与创新并举的态度，才能在文化遗产保护发展中化解矛盾，解决问题，变被动为主动，化消极为积极，真正实现文化遗产事业的大发展。

文化保护是文化发展的前提和基础，文化发展是文化保护的宗旨和目标。在推进文化遗产事业的过程中，不能将保护与发展相对立，只讲保护，不求发展，尤其是要坚决摒弃那种"发展就是破坏"的片面错误的观点。事实上，在文化遗产保护中，保护与发展不仅不矛盾，而且是相融相通、相互促进的。摒弃保护的发展，必然成为丧失根基与灵魂的盲目破坏。排斥发展的保护也必将成为迷失方向、缺乏活力的僵死的重复。无论是从文化发展的客观规律来说，还是就中国特色社会主义文化建设的实际需要来看，推进新时代中国文化遗产工作，都要冲破静态化、被动式为保护而保护的传统思维与模式，坚持在发展中保护、以发展促保护。保护遗产，珍视传统，决不能抱残守缺，言必古人，艺必古典，躺在祖先的功劳簿上坐享其成。新时代促进文化遗产自身发展，要立足经济社会发展的实际需要，按照文化发展规律，结合时代的新进步、新发展，在传承中华文化基因，弘扬遗产蕴含的思想智慧、精神力量的基础上，创造、生产出更多更好的文化精品，不断丰富我国文化遗产的种类和内容。

文化传承是文化创新的基础，文化创新是文化传承的时代要求。文化发展是一个扬弃和创新的过程，每一个时代的文化总是在继承前一时代文化的精华并剔除其糟粕，同时再融入本时代新的文化成分而不断加以创新的基础上发展起来的。没有对以前文化的继承，文化的发展就没有根基。相应的，只是一味地继承，而不融入新时代的文化因素，不加以创新，文化发展只能是一种毫无生机、毫无价值的僵死的重复。文化遗产作为文化的物化表现，其发展也必然是一个扬弃和创新的过程。传承文化遗产，要坚持以创新促传承的理念，按照时代发展的实际需要，重点从遗产形式和内容两方面做好创造性转化和创新性发展工作，使之与现实文化相融相通，更具生生不息的活力和魅力。一方面，要按照时代特点与要求，对那些至今仍有借鉴价值的内涵和陈旧的表现形式加以改造，赋予其新的时代内涵和现代表达方式，激活其生命力，实现其创造性转化。另一方面，要按照时代的新进步、新进展，对文化遗产的内涵加以补充、拓展、完善，增强其影响力和感召力，实现其创新性发展。

第二节 保护发展原则

一、保护原则

（一）真实保护

所谓"真实保护"原则，就是要确保文化遗产现状的真实保留及其承载、传递历史信息的真实性。在具体保护实践中，要通过强调保护依据的准确性和保护手段的可靠性来实现文化遗产真实完整的保护。

（1）要确保文化遗产保护依据的准确性。任何形式的文化遗产保护实践，都要秉承客观、科学、礼敬的态度，要以可靠文献、数据等为依据，在真实、准确的历史资料支撑下制定科学求实的保护方案。例如，1973年在制定五台山南禅寺大殿修复方案时，就参考了敦煌壁画、大雁塔门楣线刻佛殿、陕西乾县懿德太子墓唐代壁画阙楼和唐代鸱尾形制，以及宋《营造法式》等多种资料。又如，1945—1966年，华沙古城重建工程完全以第二次世界大战前的实测图、照片等历史文献及相关古迹保护档案为施工依据。

（2）要确保文化遗产保护手段的可靠性。保护手段的可靠与否，直接决定着文化遗产的保护成效。保护手段的选择运用要紧紧围绕最大限度地保存延续文化遗产现状和保存传承文化遗产真实历史信息两大目标，结合保护对象的实际情况综合研判，有的放矢地慎重决策。尤其是在当代科学、信息技术日新月异的时代条件下，要积极采用现代科学技术手段和科学监测方法，提高文化遗产保护与动态管理水平。例如，运用信息技术手段加强文物的日常养护巡查与监测保护，注重与原材料、原结构相匹配的可逆性材料应用等，以最大限度地增强文化遗产保护手段的科学、可靠性。

（二）有效保护

所谓"有效保护"原则，就是要以实事求是的态度，运用务实、管用、对路的保护措施，切实保护好每一项文化遗产，确保文化遗产保护工作的实际效果。

（1）要在宏观上确保保护观念、思路的有效性。观念决定思路，思路决定出路。有效保护文化遗产，至关重要的是要树立符合中国文化遗产特性并遵从中国传统审美崇尚、价值取向的保护理念，并以此为基础，根据文化遗产的实际保存现状，有区别、有针对性地提出切实有效的保护思路。

（2）要在微观上确保保护方法、措施的有效性。要在始终坚持保护传承为主的前提下，广泛借鉴汲取古今中外传统的、现代的行之有效的保护方法，并充分运用新科技、新材料、新工艺、新方法，研究制定具有较强针对性、可操作性的保护方案及方法、措施，力求在继承传统、博采众长的基础上，以最先进的科学技术实现文化遗产最有效、最持续的保护，真正做到应保尽保、能保则保。

（三）全面保护

所谓"全面保护"原则，就是要实现文化遗产"内涵"和"外延"上由点到面，由"躯体到灵魂"的保护，文化遗产种类上由传统文化遗产到其他类型文化遗产的保护。

（1）要重视文化遗产本体与环境"点""线""面"的全面保护。随着我国文化遗产保护发展理念和实践的不断深入，文化遗产保护的"内涵"有了新的发展和变化，遗产本体保护与遗产所依存的整体环境（包括历史的、文化的、生态的、社会的等因素的综合环境）保护构成当代文化遗产保护的重要内容。与之相应，文化遗产保护也要秉承"点线面、多层次、全覆盖"的工作思路，向"活态遗产""动态遗产"方向发展，从而实现由"躯体到灵魂"的全面保护。

（2）要重视文化遗产保护新领域的拓展与研究。随着人们对文化遗产价值认知的不断深入，文化遗产的"外延"在不断扩大。新时代不仅要注重历史文化遗产、大型文化遗产、线性文化遗产、非物质文化遗产、民间文化遗产等传统领域遗产保护的纵向深入研究，还要加强对工业文化遗产、红色文化遗产、传媒文化遗产、信息文化遗产等新兴遗产保护的科学研究和技术创新，从种类上实现全面保护。

二、传承原则

（一）传承遗产智慧

中国文化遗产作为中国优秀传统文化的物质与非物质载体，蕴含着中华民族独特的思想、艺术、建筑、科技等智慧，显示出中华民族高超的造物技艺、艺术水平与创新能力。尤其是中国丝绸、陶器、漆器、青铜器等造物文化产品，不仅是那个时代工艺、技术和美学上的引领者，而且许多技艺和创造成就时至今日也颇为精湛。保护发展文化遗产，要在保护好其本体及周边环境的同时，以丰富多样、灵活有效的方式方法，积极传承借鉴、发扬遗产智慧，使其更好地服务于当代经济社会发展。比如，现存许多水利工程类文化遗产，如都江堰，运用到大量当时居于世界领先地位的科学技术，充分展示了古代人民的造物技术智慧，值得我们充分借鉴。应县木塔所采用的外观5层，内部实则9层的建筑结构，也与当前国际结构工程界最新抗震理论所认为的刚、柔混合结构可以克服传统结构抗震缺点的观点保持高度一致,所具有的科学价值不但可以作为人类建筑历史上的杰出范例,而且对当代高层及超高层建筑结构设计具有直接的借鉴意义。

(二)传承遗产精神

文化遗产是一个民族和国家在长期历史发展中逐渐形成和积淀情感、信仰、文化、身份认同的表达系统。中国文化遗产承载着绵延不绝的中华文明,积淀着民族精神的符号基因。我们所熟知的愚公移山、精卫填海、夸父逐日等传记,西汉史学家司马迁"究天人之际,通古今之变,成一家之言"的史学抱负,唐代诗人李白"乘风破浪会有时,直挂云帆济沧海"的刚毅果敢,北宋思想家张载"为天地立心,为生民立命,为往圣继绝学,为万世开太平"的哲学宏愿,特别是诸如井冈山、延安、西柏坡等地印证中国共产党人在近代革命斗争史上"敢于挽狂澜于既倒,扶大厦之将倾"的使命担当的革命史迹,无一不是中华民族自信自强精神的充分体现。无论时代如何变化,文化遗产蕴含的中华民族的工匠精神、创新精神和自立自强精神是永不褪色的精神力量。新时代保护发展文化遗产时,不能只看到其外在形式,停留在物质层面上的保护,还要洞悉其内在光华,传承、弘扬遗产精神,并使之成为当代文化和生活的有机组成部分。

(三)传承遗产力量

一个民族的文化遗产作为一个民族文化发展的历史见证与实践结果,蕴含着该民族文化发展的凝聚力、创造力、影响力,同时也是该民族物质与精神力量的集合反映。比如,长城作为中华民族的伟大创造和人类重要的历史文化遗产,在数千年历史上,始终饱含着中华民族的凝聚力、创造力、影响力,同时也是中华民族生生不息、永葆魅力的精神力量的体现和象征。保护发展文化遗产,要多措并举,着力彰显遗产力量,尤其是要把遗产力量作为当代励志图强的精神动力,激发人民群众的民族自豪感和自信心,为实现中华民族伟大复兴的中国梦发挥切实有效的支撑作用。

三、发展原则

(一)促进遗产发展

按照文化发展规律,任何时代的文化总是在发展中不断充实、完善和进步的,也总是在发展中不断充满生机、活力与魅力。法国著名思想家皮埃尔·布尔迪厄认为,文化是动态的,不断发展变化的,只有通过不断的"再生产"才能维持自身平衡,社会也才得以延续。文化遗产作为文化的历史见证和文化发展成果的承载者,必然伴随文化的发展而发展。推进文化遗产事业，要力促文化遗产自身的发展。

【人物档案】皮埃尔·布尔迪厄与"文化再生产"理论

皮埃尔·布尔迪厄（1930—2002年），是当代法国最具国际性影响的思想大师之一。从人类学、社会学和教育学，到历史学、语言学、政治科学、哲学、美学和文学研究，皮埃尔·布尔迪厄的作品几乎都有所涉猎，并在范围极广的不同领域中提出了很多专业性的质询。"文化再生产"是布尔迪厄在20世纪70年代初提出的概念，并在他后来的一系列著作中得到进一步细化。他认为，文化是动态的，是一个处于不断生产、再生产中的过程，并在这一过程中发展变迁。同时，文化也是人的产物，是人在一定的社会条件下，创造性、适应性改变的结果。

从事物发展的客观规律来讲，没有任何一种文化遗产能够以其诞生时的"原质""原貌"永久地留存于世，它总是在随着时间的推移而不断地被后人赋予新的时代内涵的过程中演变发展的。对具有活态传承特征的非物质文化遗产来说，更要通过促进其自身的发展以增强其生机与活力。2017年，中共中央办公厅、国务院办公厅颁布的《关于实施中华优秀传统文化传承发展工程的意见》明确提出："深入开展'我们的节日'主题活动，实施中国传统节日振兴工程，丰富春节、元宵节、清明、端午、七夕、中秋、重阳等传统节日时代内涵，形成新的节日习俗。"没有文化遗产自身的发展，文化遗产保护事业在很大程度上只能是简单模仿与机械重复。珍视传统，决不能言必古人，艺必古典，躺在祖先的功劳簿上坐享其成。新时代特色社会主义伟大实践的深入推进，需要大量与之相匹配的具有鲜明时代特点和民族风格的文化创造，需要大量具有核心竞争力的文化精品。如果不能给后代留下诸多光耀千古的文化遗产，那就是当代文化的失职。

从实践层面上讲，促进文化遗产自身发展，要从方法和内容两方面积极作为。一是，在发展方法上，要以实事求是的科学态度，视遗产保存现状的实际情况，在最大限度保持其原真性的前提下，主动作为，积极施救，以创新发展理念，灵活、有效地运用新方法、新手段保护文化遗产的内在特质与外在风貌，在延续遗产生命力、传承优秀传统文化的同时，让文化遗产携带新时代的文化元素不断发展壮大。二是，在发展内容上，文化遗产保护内容要随着人们对文化遗产价值认知的更新而不断扩展，不仅要从整体上科学评判文化遗产所承载的不同历史时期的丰富信息与文化内涵，同时要用发展的眼光看待文化遗产当下的时代价值，将文化遗产的精神内核熔铸于新时代发展中，赋予文化遗产全新的生机与活力。

（二）促进文化发展

我国丰厚的文化遗产资源不仅是中国特色社会主义文化建设的重要内容，而且是提升和强化文化建设质量、特色的有力支撑。新时代保护发展文化遗产，一定要和文化建设相结合，让文化遗产作为丰富滋养在文化发展中"亮"起来、"活"起来、"用"起来，有效促进当下、当地文化发展。

（1）丰富文化建设内容。要积极创新方式方法，变"死"的遗产为"活"的素材，让文物藏品成为文物展品，让文化遗址成为文化公园，让革命遗迹成为爱国主义教育基地，切实增强文化遗产的可视性、可读性，变隐性遗产资源为显性文化产品，变书本里的遗产资源为可消费的文化产品，变口头上的遗产资源为可感知的文化产品，多措并举丰富文化建设内容，切实解决人民群众不断增长的精神文化需求与文化产品供给严重不足的矛盾。

（2）提升文化建设质量。中国文化遗产的表现形式、内容构成、价值特征在很大程度上反映了中华民族的思维方式、审美崇尚和价值取向。每一项文化遗产都有其独特的精神意识、思想内涵，是一种集体人格的表征，尤其是非物质文化遗产，更是植根于民族民间的活态文化，是发展着的传统生产、生活方式，也是现实中人民群众鲜活的生活和创造活动。保护发展文化遗产，要从当下文化发展需求出发，精心挖掘、提炼文化遗产中体现传统审美崇尚、反映共同价值追求、富有浓郁时代气息、彰显不同民族特点的文化元素，并使之浸入城乡、社区文化建设的方方面面，在弘扬传统、生动彰显中华文化基因密码和独特魅力的同时有效提升文化建设的质量与水平。

（3）强化文化建设特色。要加强对文化遗产的特色认知，通过遗产媒介的特色化表达，将文化遗产所承载的鲜明的地域特征和时代价值属性融入文化建设的形式和内容中，着力彰显新时代文化建设的地域特色、时代特色和产品特色，凸显个性化、差异化，做到"人无我有、人有我优"，避免单一保护、盲目发展和文化消失、文化趋同。

（三）促进经济发展

文化遗产既是一种文化资源，又是一种经济资源。新时代我国经济已由高速增长阶段转向高质量发展阶段。保护发展文化遗产，要充分依托其独特的经济价值属性，着力推动经济高质量发展。

（1）依托文化遗产资源，发展现代文化产业。要通过对文化遗产保护方式、保护内容和保护机制的创新，拓展文化产业发展的新领域和新途径，加快特色文化产业发展步伐。可充分依据各地独特的文化遗产资源，通过创意转化、科技提升和市场运作，提供具有鲜明地域特色和民族特色的文化产品服务和产业形态，推动特色文化产业不断取得新发展。并要通过对文化遗产文化元素内涵、特征的深入挖掘与创造提升，大力发展文化创意产业。通过创意思维、创意手法重构文化遗产文化元素，从内在精神上转换、传递遗产价值，在设计理念、设计语言、设计风格上体现当代设计精神和国际流行趋势，将文化遗产以文化创意产品的形式呈现，使其蕴含深厚的文化内涵和鲜明的地域特色，同时贴近实际、贴近生活、贴近群众，满足群众对文化产品多元化的需求，从而推动文化遗产价值在互动、传播中得到认知与提升，并给中国文化产品赋予特殊的文化魅力和市场竞争力，使其更好地在国际市场竞争中向世人传达中国审美和价值观念。

（2）依托文化遗产资源，调整产业结构。从一定程度上来说，文化遗产资源是调整产业结构的内容支撑。例如，世界文化遗产唐大明宫遗址在改造前被拥挤密集的城中村棚户区和堆积如山的垃圾堆覆盖，成为西安市城区一块难看的疮疤。实施遗址保护工程后，大明宫遗址搬迁了3.5平方千米范围内十多万居民，实施了一大批遗址保护项目和环境整治项目，使之变成了一个集遗产体验、文化旅游、研学教育、城市风光、休闲娱乐、体育赛事、健康养生、餐饮购物、儿童游憩、群众活动等多重功能于一体的城市深度休闲游憩区，衍生出包括演艺、展览、影视拍摄、动漫设计、文物展示、艺术品创作等门类在内的文化产业集合，将一个昔日的城市衰退区转变为引领区域发展的大遗址保护典范区、文化产业集聚区，有力地推动了遗址保护、城市建设、民生改善、环境治理等方面的价值最大化。要在深挖文化遗产内在价值的基础上，充分发挥"文化遗产+"融合优势，积极推动文化遗产与文旅、教育、创意、影视、动漫、体育、水利、林业和农业等行业的深度融合，以文化遗产之魂入不同行业之体，催生主题突出、内涵丰富、形式新颖的新产业和新产品，调整优化产业结构。

（3）依托文化遗产资源，提升产品质量。在当今经济文化化、文化经济化的时代，一种产品质量的高低不仅取决于产品基础质量，即性能、耐用性、可靠性与维修性、安全性、适应性、经济性，更取决于它所蕴含的文化性、价值性和符号性。著名法国社会学家让·鲍德里亚在《消费社会》一书中指出，人们就是通过消费不同的物品来界定自己与物品相符的身份，将自己与某种类型等同而与其他人相区别，即人们现在消费的不是物品的使用价值而是符号价值，人类社会已经进入符号消费时代。符号消费根本的特点就是象征性和表征性，即通过对某一商品的消费来体现品位、个性、社会地位并实现社会认同、价值认同和文化认同。因此，要着力通过挖掘、阐释、表征遗产的"文化符号",提升产品质量。首先,要以文化遗产价值内涵的独特性、地域文化的差异性提升产品质量,彰显文化遗产的"符号价值",以增强文化产品的表现力和吸引力。其次,要重视遗产产品功能的现代转换。按照时代的新进步、新进展,对文化遗产内涵加以补充、拓展、完善,增强其影响力和感召力,在保留传统工艺和技艺的同时,将原有功能进行创新性发展,赋予新的内容,注入新的活力,研发出新的产品。

四、创新原则

(一)创新遗产表现形式

每一种文化遗产都有其独特的静态或动态表现形式和风格,而且其形式和风格会随着社会的发展变化不断地演变创新,以适时体现展示新时代的发展内涵与特征。保护发展文化遗产,要按照时代特点和要求,从当下文化发展需要出发,将传统带入现代,深切领悟传统精髓与智慧,充分关注当下社会生产、民众生活和审美观念的新变化,对那些至今仍有借鉴价值的陈旧的表现形式加以改造,赋予其新的表达形式与风格,实现传统元素的现代表达。

(二)创新遗产内容构成

从文化发展的客观规律来讲,文化遗产内涵始终处于不断创新扬弃、充实完善的发展过程中。就物质文化遗产中的不可移动文物来说,历史上每一次对其进行的加固性修复、修补性修复、复原性修复、重建性修复和适应性再利用等保护,都在程度不等地赋予其新的时代内涵与特征。尤其是对具有活态传承独特性的非物质文化遗产来说,每一时代对其进行的保护传承,都是对其内涵的吐故纳新、改造提升。新时代保护发展文化遗产,要大胆超越传统与现实融合的阈限,在创新模式变革、创新领域延伸和创新空间拓展的现实面前,以跨界融合、边缘突围、探索未知的创新精神,按照时代的新进步、新发展,对文化遗产的内涵加以补充、拓展,不断深化对文化遗产的认知,完善遗产产品结构,增强其影响力和感召力,在保留传统工艺和技艺的同时,将原有功能进行创新性发展,赋予新的内容,注入新的活力。

(三)创新遗产价值追求

一个民族的文化遗产体现着该民族共有的价值追求。文化遗产的价值可以区分为两方面:一是文化遗产自身所具有的历史、艺术、科学、文化、经济、社会等多重价值;二是作为创造和保护文化遗产的主体的人以文化遗产为载体实现自身价值追求所呈现出来的遗产价值。保护发展文化遗产,要系统梳理、深入挖掘、着力彰显文化遗产自身的多重价值,并及时运用各种平台和手段,全方位、多角度、多层次加以宣传普及,努力增强全国各族人民对中华文化价值的充分肯定和对中华文化生命力的坚定信念,以自觉、主动、积极地坚定文化自信。此外,保护发展文化遗产要立足新时代我国特色社会主义伟大实践的战略需要,把文化遗产作为坚定文化自信、推动文化繁荣兴盛,以文化人、培育和践行社会主义核心价值观,改善民生、推动经济高质量发展,参与全球治理、构建人类命运共同体的重要源泉和鲜活素材,把跨越时空的思维观念、价值标准、审美崇尚转化为人们的精神追求和行为习惯,不断丰富文化遗产的时代价值,努力创新文化遗产的价值追求。

【案例】"互联网+中华文明"优秀示范项目

2016年,由国家文物局、国家发展和改革委员会、科学技术部、工业和信息化部、财政部联合发布了《"互联网+中华文明"三年行动计划》,旨在把互联网的创新成果与中华传统文化的传承、创新和发展深度融合,深入挖掘和拓展文物蕴含的历史、艺术、科学价值和时代精神,进一步发挥文物在培育弘扬社会主义核心价值观、构建中华优秀传统文化传承体系和公共文化服务体系中的独特作用。目前,国家文物局已审批通过100余项"互联网+中华文明"示范项目,在挖掘文化遗产内涵,推动文化遗产创新发展等方面取得了显著成绩。

1. 中国国家博物馆:"线下体验+线上讲授"文物教育平台

国家博物馆开展线上线下青少年教育课程体系建设。国家博物馆围绕"互联网思维+融媒体传播"模式,形成了以实现博物馆教育职能为目的、以提供文化增值服务为核心的线上、线下国博公共文化服务体系。

在教学模式上,确立了"双师授课"的博物馆教学模式,并且尝试在义务教育阶段引入导师制。在课程设计上,围绕促成孩子哲辨思想和系统思维的形成,设计与学生进行各学科知识联动,以文化器具为线索形成贯穿古今的课程体系,针对不同学段学生特点研发"稚趣""认知""博悟""养成"等一系列服务于广大青少年的优秀传统文化教学用书。同时,在相关教育机构的支持下,面向全国推广国博课程标准与国博教学模式,并将国博课程制作成数字产品,使国家博物馆的教育产品变得更加多元与便捷。

2. 金沙遗址博物馆:古蜀文明在线解读与传播

"古蜀文明在线解读与传播"打破了传统博物馆的以资源为中心的参观模式,转变为以观众为中心。针对博物馆现场观众,基于多模定位传感网络、虚拟现实、增强现实等技术形式,丰富陈列形式与信息供给,开发了"智慧金沙"参观服务系统、导览服务系统、"再现金沙"VR虚拟漫游、智慧标准服务等项目，开启高品质、沉浸式的轻松"文博之旅"。

（1）"智慧金沙"参观服务系统运用Wi-Fi、蓝牙4.0和RFID相结合的多模定位技术，实现无缝、精准、快速的室内定位。针对非现场观众，则通过网络传播方式拓展公众服务，博物馆官方网站包含有大众版、学术版、青少年版和英文版，全面展示文物、展览、研究及社教信息。

（2）"智慧金沙"导览服务为观众提供多角度、全方位、立体式的交互参观过程。运用二维、三维信息展示、增强现实（AR）、动画视频等多媒体技术，开发了大量新型互动体验，创造出一个多感官的博物馆展览体验环境。

（3）"再现金沙"VR虚拟漫游集成VR、方位跟踪、广角立体显示等技术，模拟还原3000年前古蜀金沙时期的地理环境、再现金沙祭祀区的形成与演变过程。

（4）统一系统交互标准，实现系统数据联动共享，为公众提供创新智能化的服务。通过统一单点登录，打通智慧金沙服务应用系统、官方网站与会员管理系统、藏品管理系统的数据交互通道，建立了藏品资源公开的新机制。

3. 敦煌研究院：数字敦煌线上展示系统

"数字敦煌线上展示系统"由数字敦煌展览线上虚拟展示、自媒体运营与内容创作以及知识型旅游开发与线上线下结合的青年研学体验三部分组成。

第一，数字敦煌展览线上虚拟展示。利用敦煌石窟数字化资源，对资源进行整合与设计，展览主题紧紧围绕敦煌壁画和彩塑艺术图像，凸显丝绸之路历史文化。同时，采用全景漫游技术，将《敦煌艺术走出莫高窟》《丝路美地敦煌》等四场线下数字敦煌展览，通过"互联网+"的在线展示，实现线下线上的深度融合。

第二，自媒体运营与内容创作。敦煌研究院自媒体平台依托敦煌研究院的丰富文化遗产和科研成果，以互联网及时下广受关注的自媒体平台为途径，例如官方网站、微信公众号、微博、抖音等，进行敦煌文化数字化尝试。同时，立足于平台，进行数字创意产品尝试。目前，绘制完成了《趣敦煌》与《乐游莫高》2个系列漫画，同时制作完成《和光敦煌》《敦煌岁时节令》系列短视频10个。

第三，知识型旅游开发与线上线下结合的青年研学体验。敦煌研究院与文旅策划机构合作相继研发出了"莫高学堂""世界遗产与青少年""神奇敦煌开讲啦"线上节目等多项独具特色的研学课程。此外，敦煌研究院还以敦煌石窟文物为主题内容，开展敦煌石窟文物知识型旅游线路的开发和示范，积极开发面向中小学生爱国主义教育和文化遗产研学游等敦煌石窟群遗产价值"深度游"的主题线路。

4. 浙江省文物考古研究所：良渚古城遗址数字复原与展示系统

"良渚古城遗址数字复原与展示系统"项目分为数字复原和数字展示两个部分。该项目通过数字复原与展示，再现良渚古城全盛时期的风貌，不仅大大提升了遗址的观赏性，还加强了传播内容的通俗性。

数字复原工作的重点是考古资料的解读和复原工作的效率。良渚古城是一个规模宏大的史前遗址，包括城墙、宫殿区、贵族墓葬、外城郭、水系台地、祭坛观象台和水利系统等多个非常重要的功能分系统。良渚古城的数字复原工作以分系统的方式进行，然后通过智能终端整合为一个整体，面向公众进行展示，有利于聚集关注点，提高资料解读的准确性。数字展示工作的重点是面向用户的多种需求。开发不同用途的数字展示资源及集成整合终端系统，以使良渚古城的数字复原信息能够满足多方面应用的需求。

5. 湖南省博物馆：《汉代穿越指南》系列微动画与《时空博物馆卡》APP游戏

《汉代穿越指南》旨在深入解读馆藏马王堆汉墓出土文物的科普系列微动画，也是国内首部博物馆类手绘科普微动画，内容涵盖饮食、时尚、娱乐、占卜、养生五部分。动画采用手绘风格，通过把各种不同的文物放到汉代生活中的不同场景来解读，以现代人的视角和生活习惯，回归到汉代的生活，达到既能介绍马王堆汉墓出土文物，讲述文物故事，展示汉代美好生活，又能引起观众对博物馆的浓厚兴趣的目的，使观众更好地了解历史。

《时空博物馆卡》APP游戏是对已有系列动画片进行再次IP挖掘，并打造一个针对6~12岁儿童的系列文化产品与服务。该游戏选取包括T型帛画、素纱单衣、云纹漆鼎等18件富有代表性的马王堆汉墓出土文物，设计成不同的游戏模式。每个模式难易程度、涉及展厅和文物数量各不同。儿童可跟随动漫片主人公涵涵依据故事线索在马王堆汉墓展厅内寻找对应的文物，完成任务和挑战后，收集时空博物馆卡，穿越到汉代的不同场景，从而学习与文物相关的知识，了解汉代生活习俗。

6. 重庆红岩革命历史博物馆：红岩影像虚拟体验

"红岩影像虚拟体验"项目以红色经典革命故事为背景、以神秘的渣滓洞白公馆为环境意象、以追忆缅怀红岩英烈为情感符号，通过高科技的手段打造国内首部VR情景体验剧。

该项目主要由序厅、主演厅两大部分组成。序厅以CAVE沉浸式体验为技术实现。在该系统中，3D环境中的任何物体，都可以感受参与者操作，并实施产生相应变化，给使用者一种前所未有的带有震撼性的身临其境的沉浸感受。主演厅由步行体验区、VR平台区和尾厅三部分组成。步行体验区的功能定义是用于剧情导入及等待上车区,以VR+机关特效+真实造景+灯光氛围+投影为技术实现,采用VR游览+裸眼游览共同进行的"双线游览",游客可根据自身情况,选择相应方式游览;VR平台区的功能定义是沉浸式体验VR节目,以VR+4D座椅+真实造景为技术实现;尾厅是游客从平台区出来后,穿过尾厅离开主演厅,厅内设置简单的造景,还原一间白公馆教育景象,为游客提供拍照的场所及服务,丰富游览内容,也将整个景区和故事串联,游客穿梭在真实与虚幻的场景之间,达到更佳的体验感受。

7. 茂陵博物馆:面向11座西汉帝陵及陵邑的数字展示与文物旅游服务

"面向11座西汉帝陵及陵邑的数字展示与文物旅游服务"以西汉帝陵历史文化资源为创作素材,通过文化与旅游深度融合技术研发与运用,同时运用大遗址主题的图文音像交互等展示方法,以历史文化遗址为创作与展示空间,充分挖掘大遗址主题精髓,打造精品数字工程,以历史文化、科技旅游与商业融合为导向,不断创新大遗址历史文化主题的商业模式,满足文化市场的消费需求。

(1)通过实地数据采集+数字化加工与制作的方式,对11座西汉帝陵及陵邑进行大遗址复原工程并形成最全的西汉帝陵大遗址数据库。

(2)研发"微缩场景技术""实景物体+真人演员+数字三维三度空间要素数字定点跟踪匹配融汇技术"等在大遗址历史文化展示中的应用。

(3)完成面向服务的移动终端服务设计,设计可供观看体验的11座帝陵主人现代化动态展示服务移动终端。

(4)形成一套完整的大遗址资源数字化库及创作开发系统,并对相关的数字化文化资源整理与创作。

(5)设计《国脉—汉文明探源工程》系列图书、音像出品及出版物一套,开发"国脉—前程似锦"文创。

8. 河南博物院:"妇好鸮尊"IP孵化及文创研发

"妇好鸮尊"IP孵化及文创研发项目汲取河南博物院馆藏文物"妇好鸮尊"深厚的文化内涵,挖掘其经典文化元素,孵化其IP形象,运用现代设计理念和设计形式对其进行再设计,使其呈现形式更适应现代审美需求,并通过引进新技术、新工艺、新材料,借助纺织品、印刷品、瓷器、工艺品等不同载体,将"妇好鸮尊"的文化元素附着在与人们生活息息相关的文化产品上,开发出高附加值的主题文化创意系列衍生品。

(1)通过将"妇好鸮尊"的形象萌化进行IP孵化,开发小而精的文创产品。

(2)用有关非物质文化遗产体验方式进行IP孵化。博物馆举办了多场互动、亲子活动，包括国家级非物质文化遗产"泥咕咕"及朱仙镇木版年画、滑县木版年画等体验项目，将妇好鸮尊的文物原型通过体验的方式进行深入解读。

（3）开发"妇好鸮尊"版的文创产品，如汝瓷茶具、快客杯、3D明信片、创意文化衫、文化书签、笔记本、冰箱贴、钥匙扣、帆布包、手工体验版画等主题系列创意产品，还开发适应现阶段受众喜好的鸮尊版表情包。

9. 敦煌研究院：《敦煌密码》AR功能游戏

《敦煌密码》AR功能游戏通过梳理敦煌的佛窟、壁画、塑像、古建筑、历史人物、历史事件、景点、特色产品、民俗、戏曲、歌曲、服饰、传统美食和老字号等特色文化资源，挖掘文化内容背后的"内涵"和"故事"，并与剧情、任务、建窟等游戏体验相结合，让来到敦煌的游客在敦煌甚至离开敦煌之后，还在虚拟的游戏中，以现代数字供养人的身份，去建造属于其自己的现代佛窟，在精神层面上获得更多的喜悦和升华，加深对敦煌文化知识的理解。同时，采用LBS+AR技术，无缝地将实景与游戏融合在一起，触发游客与本地文化进行即时互动，向游客揭示并呈现了蕴含于敦煌文化中对于过去、现在和未来所具有的艺术、历史、科学与社会的内核价值。

10. 上海博物馆："乐游陶瓷国"系列文创产品设计与开发

"乐游陶瓷国"借助VR、AR虚拟技术，通过设计文物元素的IP形象，还原古时烧制瓷器的窑址场景，实现置身窑炉环境的沉浸式体验，使文物"活"起来，进而吸引更多观众走进博物馆，为文博界开发文创产品提供全新模式。

（1）以文物文化为基因，融合互联网、新媒体、高科技等手段，实现从传统单一的文化产品到现代高科技的文博创意产品研发。

（2）通过"乐游陶瓷国"AR绘本、衍生产品、VR虚拟现实技术的整体打造，完成了从1.0版至3.0版的沉浸式体验。

（3）提炼文物元素再创作的IP形象"小博乐"与"小鹦鹉"，将不为人所熟知的陶瓷知识植入VR体验中，同时带动周边衍生文创产品的销售。

第三节 保护发展的主要内容

当代文化遗产保护要向"混合遗产""动态遗产"保护方向发展,重视文化遗产"点""线""面"的全方位保护。我们要立足中国国情,按照"基础在环境、核心在文化、发展在产业、保障在制度、目标在价值"的总体思路,通过遗产环境、遗产内涵、遗产产业、遗产管理和遗产价值的保护、重塑来构建中国文化遗产保护发展体系的主要内容。

一、文化遗产本体保护

无论是砖木、土木结构文物建筑,对它的维修、保护可采用新科技、新材料、新方法和新工艺,力求以最先进的科学技术使文化遗产得到有效保护。例如,高速激光扫描技术用于大面积、高分辨率地快速获取三维坐标数据,建立三维影像模型。无损检测技术用于展开全面的工程资料收集并注重历史信息的提取与记录,采用先进的数字化记录手段,对重要的材料工艺进行取样和实验室分析,有助于为后期的修缮和研究提供扎实的科学数据。

在维修大遗址过程中,在无法按照原貌来进行还原时,可以改变它原有结构、形态、用材,使其所表征的历史信息得以重现。历史上的建筑和物件,即使完全不存在,只要有历史根据和史料支撑,也可以在原址重建。对不可移动文化遗产保护时,不仅要开展抢救性保护,还要加强文化遗产日常养护巡查和监测保护,重视岁修,减少大修。

【案例】新技术推动文化遗产保护

新型技术与仪器应用,如高速激光扫描技术、无损检测技术、纳米技术与文物加固、颜色科学、文物虚拟修复、传感技术与文物预防性保护等的应用,为遗产保护提供了有力的技术支撑。

1. 环境监测

文物保存与环境因素密切相关,环境的变化会造成文物的劣化或损害。随着现代物联网技术的发展,气象、土壤、温湿度等各类监测仪器构成的环境监测预警平台在文物保护现场发挥出了越来越大的作用。可以说,环境监测是文物保护的开始。

2. 科学分析仪器

在壁画等大型文物上，褪色现象并不少见，想要还原文物原本的色彩并不容易。拉曼光谱、液质联用仪等科研分析仪器可以有效地分析其上色方式、原料构成，为相关人员还原原料、重新上色修复褪色提供有利帮助。

3. 高速激光扫描技术

高速激光扫描技术用于大面积、高分辨率地快速获取三维坐标数据，建立三维影像模型。使用三维激光扫描仪对文物进行三维扫描时，可将保存测量原始数据便于以后的利用、分析和毁损修复，同时对古迹进行三维建模，以便建立三维数字化展示平台，让游客不到其地也能身临其境感受真实场景，达到文物保护的目的。

4. 无损检测技术

无损检测技术用于展开全面的工程资料收集并注重历史信息的提取与记录，采用先进的数字化记录手段，对重要的材料工艺进行取样和实验室分析，有助于为后期的修缮和研究提供扎实的科学数据。

5. 微钻阻力仪

探明木结构内部是否存在糟朽是古建筑保护的重要环节之一。传统的方法就是用一根铁钎插入建筑本体，一下扎进去就说明内部已经糟朽，然而这样做又不可避免地对木结构建筑造成损害。微钻阻力仪装有一个45厘米长、直径只有1.5毫米的细长钻头，将它打进木头心，只会在木头表面留下一个几乎看不见的小孔。通过连接在钻头后面的传感器，可以观察到木头内部的情况。仪器吐出纸带上的曲线就像心电图的曲线，随着微型钻头不断钻进，曲线出现高低不平的变化。通过曲线波动情况，就可以判断木头是否出现了空心，并根据实际情况考虑建筑是否存在问题、又该如何修复。因此，微钻阻力仪被誉为"古建筑诊病'透视眼'"。

6. 探地雷达

探地雷达在古建筑的探测中具有无损、高效、准确的特点，是适合城墙等石质文物探测的有效物探方法。例如，城墙看起来很厚，实际上是砖、石砌的外皮，里面都是夯土或者碎石。几百年风霜雨雪的渗透，古建筑也会出现空心、塌陷等。传统探测方法主要是采用观形变、叩击、钎探、铲孔和开挖等有损检测手段，如此导致了未修先损、漏点多、频繁修补局面，无法实施较为彻底的工程修复。采用先进的探地雷达方法，可以对古城墙主体实施较全面的无损探测，可以对内外墙砖体、墙内夯土、墙底夯土基础和底部原状地层等塌陷、空洞进行有效的勘测与评估，为遗址保护和修缮提供地质参考。

7. 智慧博物馆

在信息技术革命的带动下，物联网、云计算、大数据和移动通信技术兴起与发展，以物、人、数据动态双向多元传播为核心的智慧博物馆将为可移动文物保护带来革命性变化。智慧博物馆通过智能导览与互动展示、虚拟漫游与文物知识图谱等"智能"手段，带来智慧化、沉浸式的博物馆体验，使观众更好地走进博物馆，更好地体验文物。一方面，加强博物馆智慧服务，包括展示体验、互动导览、分享传播、纪念回忆、教育研究等。针对公众服务需求，以多维展现互动形式，实现公众与博物馆信息交互的高度完美融合。另一方面，实现博物馆智慧保护，即构建完整的"监测—评估—预警—调控"预防性保护流程。基于智能感知技术和无损探测技术，对博物馆藏品本体健康状态及影响因素进行全面量化分析、智能数据挖掘和分析处理，在藏品损坏发生之前提前掌握其各项特征，形成一套集藏品表象、内部结构、周围环境影响因素于一体的可视化藏品诊断、分析和评价体系。

二、文化遗产环境保护

文化遗产的保护对象要从文化遗产本体扩大到对其环境及环境所包含的一切历史的、社会的、精神的、习俗的、经济的和文化的活动，实现"从躯体到灵魂的保护"。保护文化遗产必须对其尚存的地形、水体、建筑物及树木等周边环境进行保护，同时还要考虑与外围环境的有机联系，保护有特色的自然风光和生态景观。要把文化遗产保护纳入生态环境建设，以生态环境建设促进文化遗产保护工作，以文化遗产保护工作提升生态环境的文化内涵。

三、文化遗产内涵挖掘

针对体现中华文明独特魅力的典型性文化遗产，可开展多视角、多维度、多层次的价值挖掘，阐述文化遗产背后的故事，突出文化遗产的历史、艺术和科学价值。实施"互联网+文化遗产"战略，把互联网的创新成果与文化遗产保护、传承、创新、发展深度融合，挖掘和拓展文化遗产蕴含的历史、艺术、科学内涵和时代精神。

完善以大遗址、遗址城市、遗址村落、遗产廊道和历史街区等不可移动文化遗产和可移动文化遗产为产品基因的文化遗产谱系，重点创新"中国数字遗产"产品，健全中国文化遗产的实体谱系和数字谱系，彰显文化遗产的文化内涵。围绕文化遗产教育、文化遗产文创产品、文化遗产素材创新、文化遗产动漫游戏和文化遗产旅游等，把互联网的创新成果与文化遗产保护、传承、创新、发展深度融合，打造"互联网+文化遗产"的融合型文化产品，挖掘和拓展文化遗产蕴含的历史、艺术、科学内涵和时代精神。

【案例】"西安年·最中国"节庆文化内涵挖掘

2018年，西安市启动己亥"西安年·最中国"系列活动策划工作，研究确定了"标志性、国际范、科技风、地方味"的活动主题，并策划183项系列新春活动，旨在充分利用文化创新、设计创意和硬科技打造传统、时尚文化元素，让传统节庆文化"活"起来"动"起来"亮"起来，为传统节日赋予现代魅力。2019年"西安年·最中国"系列活动，在充分挖掘中华传统文化、陕西地域文化和西安历史文化的基础上，依托国内文旅领域资深专家等智库资源，聚焦"游景区、品文化""赏花灯、逛庙会""耍社火、吼秦腔""探乡风、咥美食"等，又策划推出了12个主题共计251项活动，突出"民俗风、国际范、流行色"等元素，全面展示"最文化、最民俗、最时尚"的历史、民俗文化资源特色和新时代大西安的城市文化品位。从长安到西安，回到文脉的根本，阐释新年的意义，这正是挖掘传统节日文化内涵、振兴中国传统节日的有益探索。

四、文化遗产产业激活

实施"文化遗产+"融合战略，构建文化遗产+产业（生态、旅游、科技、文创、体育、商贸等）和文化遗产+支撑（服务、消费、环境、内容、营销等）的文化遗产产业体系。围绕文化遗产教育、文化遗产文创产品、文化遗产素材创新、文化遗产动漫游戏、文化遗产旅游等方面，打造"互联网+文化遗产"的融合型文化产品。同时，文化遗产保护要考虑社区居民的利益，积极引导公众参与文化遗产的保护发展，带动区域旅游产业、文化产业及相关产业的发展。

【案例】南京云锦非遗保护与文创产业发展

国家级非物质文化遗产南京云锦原为皇室用品，其织造技艺由宫廷传承后由民间存续，技艺在传承与发展的过程中遇到重重困难。南京云锦在困境中求变化，通过创意设计，开发新产品，将云锦用于家居、服饰等各种领域，灵活发展。目前，一系列南京云锦的商业运作仍在推进，包括顶级云锦品牌、开拓文化旅游业、涉足教育事业，最后谋求上市等。同时，南京云锦建立云锦博物馆、制定行业标准、成立南京云锦传习基地、与南京师范大学合办"云锦学院"、建设"中华织锦村"文化旅游项目，在文化传承、项目开发、品牌拓展和旅游带动上，形成一个完整的文化产业生态链，有效地促进了技艺的传承保护。

五、文化遗产制度再造

文化遗产保护发展是一个牵一发而动全身的系统工程，需要量化文化遗产保护工作的考核指标体系，建立联席领导工作制和文化遗产保护责任终身追究制，组建专家咨询委员会等，强化文化遗产保护工作的协同管理，通过各级财政资金优先保障文化遗产保护工作。同时，鼓励社会参与文化遗产保护，利用公益性基金等平台，采取社会募集等方式筹措文化遗产保护资金。加强与综合性大学的人才联合培养工作，共同培训能胜任文化遗产保护勘察、规划、设计、维护和管理等各方面工作需求的综合性和专业性人才。

六、文化遗产价值重塑

针对中国文化遗产开展多视角、多维度、多层次的价值挖掘，重点研究中国文化遗产的中国性、东方性、世界性。在对传统生态哲学价值回归的基础上，注入"创新、协调、绿色、开放、共享"时代内涵，实现文化遗产价值的重塑、传承和创新。建立以中国文化遗产标识为导向的世界文化遗产价值传播体系，塑造中国文化遗产保护理念品牌，形成以中国为主导的国际文化遗产保护共识，打造"世界文化遗产保护命运共同体"。

第四节 保护发展价值系统

新时代中国文化遗产保护发展，既应该关注文化遗产本体的价值，也要关注作为主体的人以文化遗产为载体实现自身价值追求所呈现出来的遗产价值，构建历史价值、艺术价值、科学价值和文化价值、经济价值、社会价值六大价值系统。

一、历史价值

历史价值是文化遗产的首要价值。无论是物质文化遗产，还是非物质文化遗产，都是一定时期或时代人类活动的产物，都具有历史性，包含着当时社会的诸多信息。从历史唯物主义来讲，在人类发展史上，所有的活动都是人类活动，任何文化遗产都是在一定历史时期人类活动的产物，无不打上时代的烙印，包含着当时社会的诸多信息。不同时期的文化遗产能从不同侧面或层面，反映当时政治、经济、军事、科学技术、文化艺术、宗教信仰、民俗风情等丰富的历史信息，同时见证历史发展过程，包含着历史发展规律。

【案例】世界文化遗产：安阳殷墟考古遗址

安阳殷墟考古遗址位于河南省安阳市殷都区，是中国商代后期都城，也是中国历史上第一个文献可考、并为考古学和甲骨文所证实的都城遗址。安阳殷墟考古遗址主要包括殷墟王陵遗址与殷墟宫殿宗庙遗址、洹北商城遗址等，大致分为宫殿区、王陵区、一般墓葬区、手工业作坊区、平民居住区和奴隶居住区。1961年3月，国务院将殷墟列入首批全国重点文物保护单位。2006年7月，殷墟被联合国科教文组织列入世界文化遗产名录。

殷墟考古遗址代表了中国早期文化、工艺和科学的黄金时代，是中国青铜器时代最繁荣的时期。在殷墟遗址出土了大量王室陵墓、宫殿，以及中国后期建筑的原型。遗址中的宫殿宗庙区拥有80处房屋地基，还有唯一一座保存完好的商代王室成员大墓"妇好墓"。此外，殷墟出土的大量工艺精美的陪葬品证明了商代手工业的先进水平，是中国的国宝之一。在殷墟，还发现了大量甲骨窖穴，甲骨上的文字对于证明中国古代信仰、社会体系以及汉字这一世界上最古老的书写体系之一的发展有着不可估量的价值。从20世纪初因盗掘甲骨被发现，到1928年正式开始考古发掘,殷墟的发现和发掘被评为20世纪中国"100项重大考古发现"之首。殷墟发掘,确证了中国商王朝的存在,重新构建了中国古代早期历史的框架,使传统文献记载的商代历史成为信史,中国学术界得以展开有关文记载中的"夏王朝"的探索。

二、艺术价值

文化遗产有审美、欣赏、愉悦、借鉴等方面的价值,承载着特定时期的审美特点和审美取向,能够给予人审美愉悦,有助于提高人的文化艺术修养和综合素质。比如非物质文化遗产,有剪纸、雕刻等工艺品,有民间绘画等美术品,有戏曲、舞蹈等各种演艺,有音乐、器乐、说唱艺术等曲艺。每种艺术都是特定民族、地域不同风情的独特表现,具有很高的艺术价值和审美价值。从文化遗产中汲取民族传统文化艺术精华,在取材、表现形式、技巧等方面,学习借鉴,吸取文化营养以创新,则是文化遗产艺术价值的根本体现。

【案例】人类口头与非物质文化遗产:昆曲

昆曲是汉族传统戏曲中最古老的剧种之一,也是中国汉族传统文化艺术,被称为"百戏之祖,百戏之师",有"中国戏曲之母"的雅称。2001年,昆曲被联合国教科文组织列为"人类口述和非物质遗产代表作"。2006年列入第一批国家级非物质文化遗产名录。

昆曲发源于14世纪中国的苏州昆山腔,自明代中叶以来独领中国剧坛近300年。昆曲的兴盛与文人绅士的生活情趣、艺术趣味一脉相承,士大夫阶层的社会文化心理为昆曲注入了独特的文化品位,使其更多体现为文人雅趣。至万历年间,昆曲扩展到长江以南和钱塘江以北各地,并逐步流布到福建、江西、广东、湖北、湖南、四川、河南、河北、北京等地,与各地的方言和民间音乐相结合,演变出众多的流派,构成丰富多彩的昆曲腔系,具有宝贵的艺术价值。

昆曲遗产价值的形成,离不开历代杰出昆曲表演艺术家的传承与积累,使其自明代以后在全国广泛流传,成为深受社会大众喜爱的表演艺术形式。作为中国戏曲史上具有最完整表演体系的剧种,昆曲是中国传统文化艺术高度发展的成果,在中国文学史、戏曲史、音乐史、舞蹈史上占有重要的地位,是珍贵的非物质文化遗产。

三、科学价值

文化遗产的科学价值，主要包括知识、科学、技术等方面内容。这里的科学价值，在广义上，既包含人文社会科学，又包括自然科学和工程技术科学；狭义上主要是指自然科学、工程技术科学、工艺技术等。无论是物质文化遗产，还是非物质文化遗产，都从不同角度、不同侧面或层面反映了创造、制作它们的那个时代的科学技术发展水平。例如，通过历史遗迹和遗物，可以了解所在时代的社会经济、军事、文化状况等。另外，各个民族、族群处于不同的地理环境，有着不同的生产、生活方式，在处理与人自然关系中，产生了不同的方法、技术，这是历代劳动人民传统知识和生活实践的积累，往往见于典籍或口耳相传于民间，也具有一定的科学价值。

【案例】世界文化遗产：都江堰

都江堰坐落在成都平原西部的岷江上，始建于秦昭王末年（约公元前256—前251年），是蜀郡太守李冰父子在前人开凿基础上组织修建的大型水利工程，由分水鱼嘴、飞沙堰、宝瓶口等部分组成，2000多年来一直发挥着防洪灌溉的作用，是全世界迄今为止，年代最久、唯一留存、仍在一直使用、以无坝引水为特征的宏大水利工程，凝聚着中国古代劳动人民的勤劳、勇敢、智慧。2000年，都江堰被联合国教科文组织列入世界文化遗产名录。2006年，作为"四川大熊猫栖息地"的一部分，被列入世界自然遗产名录。2018年，被国际灌排委员会列入世界灌溉工程遗产名录。

都江堰是一个科学、完整、极富发展潜力的庞大的水利工程体系，开创了中国古代水利史上的新纪元，标志着中国水利史进入了一个新阶段。作为古代水利工程沿用至今、硕果仅存的奇观，与之兴建时间大致相同的古埃及和古巴比伦的灌溉系统，以及中国陕西的郑国渠和广西的灵渠，都因沧海变迁和时间的推移，或湮没，或失效，唯有都江堰独树一帜，至今还滋润着天府之国的万顷良田。

四、文化价值

文化遗产向人们展示了每一个社会发展阶段生产、生活、娱乐、信仰的特色，是一个国家历史文化演变的见证、社会发展的浓缩，能够比较全面地反映不同时代的政治经济制度、社会活动和文化特点，其文化价值可以从器物、秩序、艺术、宗教和精神等各层面体现出来。特别是不少文化遗产，由于其作为直至今日所能见到的很少的甚至唯一的携带准确而真实的重大史实信息的历史遗存，而具有无法估量的文化价值。例如，陕西榆林石峁遗址是已发现的中国史前时期规模最大城址，也是探寻中华文明起源的窗口，还可能是夏早期中国北方的中心。探究陕西榆林石峁遗址，对于进一步了解早期的历史文明格局，探索中华文明起源具有重要意义。2019年，石峁遗址已被列入《中国世界文化遗产预备名单》。此外，文化遗产是展示民族文化和地域文化的橱窗。经过长期的历史积淀，文化遗产往往形成独特的建筑风格、园林景观、装饰形制等文化氛围，物质文化和精神文化内容丰富，可以从各方面向人们传递丰富的特色文化信息。例如，苏州园林、福建土楼、北京四合院、山西王家大院、安徽西递宏村、河北石头房、关中古民居等优秀的民居建筑，无一不是地域文化的重要载体，在文化发掘和展示方面发挥着重要作用。

五、经济价值

文化遗产是历史上经济形态、经济体制、经济机制的真实见证，其当代的经济价值则主要体现在旅游和文化产业开发等方面。一方面，文化遗产是得天独厚的旅游资源，在保持文化遗产可持续发展的前提下开发旅游业，文化遗产可最大化地、有效地转化为当地全面发展的软实力，带动当地经济和文化的同步发展，实现经济增长模式的良性发展。例如，2019年，黄（渤）海候鸟栖息地和良渚古城遗址先后入选《世界遗产名录》。根据马蜂窝旅游网大数据显示，申遗成功后，江苏盐城的旅游热度环比增长48%，浙江余杭的旅游热度环比增长35%。良渚古城遗址公园开园当日，该公园的旅游热度上涨59%，旅游热度持续升温。另一方面，文化遗产是中华传统文化的载体，能够带动文化经济发展，并以此为依托构建具有民族特色、地域特色的文化产业，产生新的经济增长点。此外，旅游业、文化产业可持续发展，又可进一步带动交通、餐饮、住宿、购物等多个行业的发展，增加就业、改善民生，产生长久性的综合经济收益。例如，英国哈德良长城遗产的合理保护与利用，实现了遗产保护、旅游利用和社区发展的多赢效果。1987年，哈德良长城入选《世界遗产名录》，大大扩充了旅游开发空间，现如今通过旅游发展可以创造就业机会6 000多个，年收入高达1.34亿英镑，当地居民深受其惠。

六、社会价值

文化遗产的社会价值主要是通过对社会产生精神影响而实现。文化遗产的有效保护及展示，对于传承、弘扬中华民族的优秀文化，进而提高人们对文化遗产保护工作的关注度，扩大文化遗产的社会影响力，使民众自觉参与到文化遗产保护发展中来具有无可替代的意义和作用，能够提高人们对国家的归属感和民族认同感。此外，文化遗产的社会价值还体现在满足精神需求和发挥宣传教育功能等方面。一些文化遗产能够满足人们陶冶情操的鉴赏需求，一些文化遗产历史与环境交相辉映，可以成为当地居民便利的休闲场所，还有一些文化遗产能充分发挥爱国主义基地的宣传教育功能，对培育民族精神，增强民族自豪感和凝聚力等具有重要意义。

总体来说，当今中国，文化遗产保护发展的内涵正在逐渐深化，文化遗产保护的要素、类型、空间、时间、性质、形态等各方面都在发生着深刻变革，我们要积极响应当代文化遗产保护发展的时代诉求，并始终以中国文化遗产特性作为文化遗产保护研究与实践的出发点，紧紧围绕中国文化发展规律和中国传统审美崇尚、价值取向等学理内涵特征，充分借鉴汲取西方和我国历史上文物保护理念、思路、举措和典型案例的有益部分，客观求实地探索、构建一套契合中国文化本色和现实发展需求的中国文化遗产保护发展体系，为中国文化遗产可持续发展提供源源不断的生命力。同时，也要讲好中国遗产故事，塑造中国遗产品牌，为国际文化交流、竞争大格局中的世界文化遗产保护事业贡献中国特色的"遗产智慧"和"遗产力量"。

课后思考题

1. 如何有效保护传承文化遗产？
2. 如何认识文化遗产保护与发展的关系？
3. 如何认识文化遗产传承与创新的关系？
4. 如何有效彰显文化遗产的时代价值？

第八章 新时代中国文化遗产保护发展路径选择

第一节 总体定位

新时代中国文化遗产事业要树立高品位、精内涵、强特色的保护发展定位，努力加强文化遗产保护传承与创新发展，讲好中国遗产故事，彰显中国遗产精神，凝聚中国遗产力量，为实现中华民族伟大复兴提供强有力的文化支撑。具体来讲，高品位，就是要高起点谋划、高水平规划和高质量实施；精内涵，就是要突显遗产魅力、弘扬遗产精神和塑造遗产品牌；强特色，就是要彰显地域特色、彰显时代精神和彰显产品特色。

一、高品位

新时代中国文化遗产工作要树立高品位的保护发展定位，布局全国、放眼全球，明确中国文化遗产在国际格局中的重要地位与核心价值，在保护发展理念、顶层设计、项目落实诸层面谋求高端定位，立足高起点谋划、高水平规划和高质量实施，打造一批具有基础性、前瞻性、引领性和战略性的重大工程，形成可复制、可推广、可持续，并且具有国际影响力的文化遗产保护发展典范。

（一）高起点谋划

中华文明绵延数千年，文化遗产承载着中华民族的历史渊源、发展脉络和独特创造，可以凝聚和打造强大的中国精神和中国力量。与此同时，置于人类共有精神财富的坐标系中，中国文化遗产是解决人类共同难题的思想宝库，其体现的哲学思想、人文精神、价值理念、道德规范等，蕴藏着应对挑战、化解矛盾的重要启示。高起点谋划，根本在于站在引领文明之先、构建人类命运共同体的历史高度，充分研究、深入挖掘文化遗产的核心价值，在人类文明交流互鉴的国际舞台中谋划具有

"中国精神""中国风格""中国气派"的文化遗产保护发展格局。

（二）高水平规划

"谋定而后动，知止而有得。"文化遗产保护发展是一项复杂的系统工程，高水平规划是保障文化遗产保护发展顺利进行的关键。当务之急，要从国家到地方编制适应新时代发展需求的文化遗产保护发展宏观规划，构建中国文化遗产保护发展的顶层规划体系。同时，在重点文化遗产项目的保护发展中，秉承高水平规划先行的原则，立足长远规划、分步实施目标，以高品位、高水准、高层次要求，编制具有前瞻性、指导性和可操作性的规划文件。

（三）高质量实施

依托高效、科学的组织管理和先进、精湛的现代高科技，坚持政府主导、社会参与、注重实效，可推动文化遗产保护发展水平不断提高。各级政府要切实发挥在政策衔接、沟通协调、监督引导等方面的主导作用。同时，要全面调动社会力量，注重联合科研院校、专家学者建立多领域、多层次、综合性的遗产智库，为重大文化遗产项目的实施提供必要的智力支持和技术支撑。此外，要引导企业行业、社会公众不断提高保护传承、创新发展文化遗产的责任意识与行动能力，成为保障文化遗产工作高质量实施的重要力量。

二、精内涵

（一）突显遗产魅力

中华文化源远流长、博大精深，文化遗产包罗万象，内涵丰富。据国家文物局的最新统计数据显示，我国共有5 058处全国重点文物保护单位，3 154处国家级非物质文化遗产代表性项目保护单位，55处世界文化遗产和40项人类非物质文化遗产。新时代文化遗产工作要秉承精内涵的保护发展定位，深入挖掘中国文化遗产的精神内核和文化特质，以突显遗产魅力、弘扬遗产精神、塑造遗产品牌为根本要求，着力于体现气派、涵养精神、汇聚力量，大力创新、拓展、提升中国文化遗产的丰富内涵。

在5000多年文明发展进程中，中国文化遗产见证着原汁、原味、原生态的中华文化，是体现中国特色、蕴含中国智慧的重要载体和文化标识。中国文化遗产保护发展要着眼于突出其独特魅力，充分研究、深入挖掘文化遗产中的历史记忆、人文传承。突显遗产魅力，要以传播和弘扬中华文明为核心。针对体现中华文明独特魅力的典型性文化遗产，开展多视角、多维度、多层次的内涵挖掘，阐述文化遗产背后的故事，突出文化遗产的历史性、艺术性和科学性。

(二)弘扬遗产精神

中国文化遗产是华夏文明的记忆载体，蕴含中华民族特有的思维方式、审美情趣和价值取向，凝聚着中华民族的精神文化标识，蕴藏着中华民族智慧的符号基因。弘扬遗产精神，要在文化遗产保护发展中注重遗产精神内涵的挖掘、传承和发展，彰显"厚德载物、居安思危、乐天知足、崇尚礼仪"的中华文化精神，传承"自强不息、爱国为民、崇尚和平、勤劳勇敢"的中华民族精神，延续中华民族一脉相承的精神追求、精神特质和精神脉络。

(三)塑造遗产品牌

新时代中国文化遗产保护发展要注重品牌塑造，重点挖掘文化遗产的中国性、东方性和世界性。依托上合组织、欧亚联盟、中国—东盟机制等区域合作机制，积极参与世界文化遗产保护发展交流对话，着力塑造中国文化遗产品牌，展现中国文化遗产保护发展成果，建立以中国文化遗产标识为导向的世界文化遗产价值传播体系，构建以中国为主导的国际文化遗产保护发展共识，弘扬人类共同的文化遗产价值追求，打造具有国际影响力的人类文化遗产保护发展命运共同体。

三、强特色

(一)彰显地域特色

中华文化一脉相承，既有统一性、主体性又有多样性、时代性的文化形态，决定了中国文化遗产的特色性。新时代中国文化遗产工作，要注重遗产保护发展的特色化表达，加强对文化遗产的特色认知，梳理遗产文化脉络，找准遗产自身的核心价值，彰显文化遗产的地域特色、时代特色和产品特色，突显个性化、差异化，做到"人无我有、人有我优"，避免单一保护、盲目发展和文化消失、文化趋同。

文化遗产是一个地域的特色符号，也是延续具有鲜明特征的地域文化的表达方式，见证着一方水土的悠久历史和深厚底蕴，承载着其所在民族或地区的审美习惯、价值追求。特定的地域环境决定了文化遗产的地域特性，保护发展文化遗产，要紧扣传承地方风土人情、彰显地域文化底蕴这个主题主线，着力从形式、内容、价值、特质等方面挖掘弘扬遗产的地域特色。以陕西为例，要注重脉源文化、都城文化、丝路文化、红色文化、关学文化、黄土文化等彰显地域特色的文化遗产的保护发展，以此形成具有强烈陕西文化特色的遗产标识。2015年，习近平同志在陕西视察时指出，黄帝陵、兵马俑、延安宝塔、秦岭、华山等，是中华文明、中国革命、中华地理的精神标识和自然标识。可以这样认为，构建"中国文化标识地"是突显陕西地域特色的重要途径。比如，依托现有的历史遗址、遗存、文物、重点文物保护单位等文化遗产，创建周、秦、汉、唐等文化标识地等。

（二）彰显时代特色

无论是道路自信、理论自信、制度自信，还是文化自信，都要从弘扬中国文化遗产和中华传统文化中寻找精气神。站在培育社会主义核心价值观、实现中华民族伟大复兴中国梦的战略高度，文化遗产保护发展具有历久弥新的时代价值。彰显时代特色，文化遗产保护发展要立足新时代中国特色社会主义伟大实践，着力在创造性转化和创新性发展上下功夫。

（1）从当下文化发展需求出发，按照时代特点和要求，将传统带入现代，深切领悟传统精髓与智慧，积极探索传统元素的现代表达，通过文化遗产内涵挖掘、产业激活、制度再造、价值重塑，激发突显其在新时代的历史价值、艺术价值、科学价值、文化价值、经济价值、社会价值等，实现传统文化创造性转化。例如，故宫深度挖掘文化内涵，将代表性文化元素开发成为各类文化创意产品，不仅有《我在故宫修文物》《国家宝藏》《上新了·故宫》等文化类节目，还有朝珠耳机、门钉箱包、瓦当点心、故宫口红等文创产品，以及引发热潮的上元夜进宫观灯等活动。这些不仅激发了故宫文化遗产的活力，还使得传统文化潜入人们的日常生活，成为一种生活方式。据统计，2017年，故宫博物院门票收入8亿元，而文创产品已经突破10 000多种，年销售额达到15亿元，几乎是门票收入的两倍。

（2）要按照时代的新进步新进展，对文化遗产内涵加以补充、拓展、完善，增强其影响力和感召力，在保留传统工艺和技艺的同时，将原有功能进行创新性发展，赋予新的内容，注入新的活力，研发出新的产品。例如，近年来，非物质文化遗产在音乐、时装、美食、生活用品等领域的跨界创新，这就是挖掘非物质文化遗产之美的文化力量，协同更多的社会资源进行融合式创新，通过非物质文化遗产传承人联合设计师/艺术家/品牌机构/青年群体等社会各界力量，以"传统工艺+现代设计"来进行非物质文化遗产融合跨界创新，达到"让非物质文化遗产走进当代生活"的目的。北京老字号吴裕泰茶庄，将时尚理念融入茶文化中，积极探索茶叶深加工之路，相继推出了茶食品、茶月饼、茶冰激凌、茶爽无胶口香糖等一系列茶叶深加工产品。具有"黄酒北宗"之称的山东老字号即墨老酒在继承传统酿造工艺精髓的基础上，开发了干型、半甜型、清香型老酒、姜汁老酒等新产品，满足市场不同消费者的需求。

（三）彰显产品特色

新时代文化遗产保护发展要注重特色产品开发，完善以大遗址、遗址城市、遗址村落、遗产廊道和历史街区等文化遗产为产品基因的遗产谱系，重点创新"中国数字遗产"产品。围绕文化遗产教育、文化遗产文创产品、文化遗产素材创新、文化遗产动漫游戏和文化遗产旅游等,把互联网的创新成果与文化遗产保护、传承、创新、发展深度融合,打造"互联网+文化遗产"的融合型文化产品,挖掘和拓展文化遗产蕴含的历史、艺术、科学内涵和时代精神。

【案例】敦煌研究院:"数字供养人"项目

敦煌莫高窟开凿于前秦建元二年(366年),距今已有1600多年历史,现仍保存有从十六国、北魏、西魏、北周、隋、唐、五代、宋、西夏、元等各个时期的洞窟735个,是世界上现存规模最大、内容最丰富的佛教艺术地,1987年被列入《世界遗产名录》。"数字供养人"的概念源自敦煌石窟中的"供养人"历史,以线上创意互动为传播方式。大众通过点击互动,可以了解敦煌的"供养人"文化,并随机获得"智慧锦囊"。锦囊是用敦煌壁画故事内容,结合现代人熟悉的生活场景和喜闻乐见的语言形式,形成的一系列智慧妙语。通过这样的创意方式,公众不仅可以了解到敦煌壁画的历史和艺术之美,还可以受到敦煌文化智慧的启发,引发对现代生活的思考。借助互联网技术,通过科技创意,使得敦煌文化在契合当代大众审美需求的基础上,得到了有效的保护、活化和传承。

第二节　发展路径

新时代中国文化遗产保护发展要牢牢把握社会主义先进文化前进方向，坚持以人民为中心的工作导向，坚持创造性转化和创新性发展，坚守中华文化立场、传承中华文化基因，不断增强文化自信，铸就中华文化新辉煌。发展路径要落实到具体工作中，就是要着力在彰优势、促弱项、补短板上下功夫。具体讲，彰显优势，就是要彰显资源优势、彰显价值优势、彰显学科优势，促弱项就是要保数量、提质量、促发展，补短板就是要补齐思想短板、补齐话语短板、补齐科技短板。

一、彰优势

（一）彰显资源优势

推动新时代文化遗产保护发展，首先要立足优势做文章、求发展、谋大局。习近平同志指出，中华优秀传统文化是中华民族的突出优势，是我们在世界文化激荡中站稳脚跟的根基。新时代，中国文化遗产保护发展要充分彰显其举世无比的资源优势。一方面，既要做大做强重点遗产资源，同时也要做精做细面上遗产资源，充分发挥文化遗产资源在文化创意、全域旅游等方面的重要作用，变资源优势为经济社会发展强势。另一方面，要把文化遗产保护与文化建设紧密结合，变丰富的文化遗产资源为新时代文化建设的重要内容和文化建设质量、特色的有力支撑，尤其是要让收藏在博物馆里的文物、陈列在广阔大地上的遗产、书写在古籍里的文字都活起来，为推动文化繁荣兴盛贡献智慧与力量。

（二）彰显价值优势

文化遗产体现国家品格，凝聚民族精神，其蕴涵的影响力转化成现实的文化生产力、竞争力，是社会发展的重要支点、无形资产和稀缺资源，对于传承中华文化精神、增强社会凝聚力和国家软实力具有不可替代的综合价值，在增强文化自信，带动经济发展，加强生态建设和促进文化发展繁荣等方面发挥着独特的优势。保护发展文化遗产，要充分挖掘和彰显文化遗产的价值优势，让文化遗产产生更大的社会经济效益。具体来讲，在新时代特色社会主义伟大实践中，要充分彰显文化遗产在坚定文化自信、推动社会主义文化繁荣兴盛，以文化人、培育和践行社会主义核心价值观，改善民生、推动经济高质量发展，参与全球治理、构建人类命运共同体中的价值优势。

(三）彰显学科优势

近年来，随着我国文化遗产事业的发展，各有关高校、科研院所已初步形成自身在文化遗产保护发展方面的学科优势。尤其是一些理工科类院校从20世纪90年代初开始，就介入文物考古研究，在文物材料工艺研究、古代材料标准化研究、文物修复与文物数字化模拟等方面积累了一定的经验和成果。新时代文化遗产保护发展要着力彰显学科优势，充分利用材料学、材料加工、材料物理化学等方面的独特优势，并结合考古学、文物保护、实验室考古、科学技术史等人文社科学科特色，努力实现文化遗产保护发展在理念、思路、方法上的新突破。

二、促弱项

（一）保数量

文化遗产是长期历史积累中，由特定历史时期的社会、经济、文化和技术等多方面因素共同作用而形成的。由于时间的不可逆性，文化遗产从时间意义上具有稀缺性。任何一种文化遗产被毁坏，都不可能再生。例如，20世纪80年代初期，随着经济发展和城镇化步伐的加快，大量的历史文化建筑被拆除，造成难以挽回的损失。因自然侵蚀、人为损害和管理不善等众多因素影响，古长城遭到严重破坏，墙体只有8.2%保存状况较为良好，74.1%的保存状况较差，而整个古长城的30%已经消失。传统村落蕴藏着丰富的历史信息和文化内涵，是中国农耕文明留下的最大遗产，也正以每天1.6个的速度消失。尤其是非物质文化遗产的处境更为艰难，许多传统技艺面临着消失、遗忘、割裂的困境。据不完全统计，20世纪50年代全国有戏曲剧种368个，目前仅有267种，其中60多个现有剧种没有音像资料保存。正如冯骥才先生所言，民间文化的传承人每分钟都在逝去，民间文化每一分钟都在消亡。因此，新时代保护发展文化遗产，要切实加强保护力度，及时开展抢救性和预防性保护，努力做到应保尽保、能保则保。

（二）提质量

提质量就是要直面当前我国文化遗产保护实际现状，应该说，在保护质量上存在诸多问题。比如，有些缺乏整体保护规划，遗产工作者似同救火队员，临时抱佛脚，仓促施救；有的保护方案长期议而不决，致使被保护的文化遗产遭受严重损害，甚至消亡；有的保护方案不够科学，造成在较短的时间内修了再修；有的保护方案针对性不强，原本的正向修复变成反向损害；有的文物建筑注重安排重点修缮，缺少日常养护。尤其是非物质文化遗产保护，大多停留在一般性号召和口号上，缺乏具体有效的保护措施落地。这些都直接影响着文化遗产保护的质量。新时代保护发展文化遗产，要在提升质量上下功夫。针对存在问题，要重点从观念转变、管理创新、技术支撑等多方面入手，各方通力合作，形成长效机制，确保文化遗产保护发展的质量和水平。

【案例】别让"病歪歪"的应县木塔在议而不决中倒掉

山西应县木塔始建于辽代，是我国现存最高、年代最久远的建筑遗存，与埃菲尔铁塔、比萨斜塔并称世界三大奇塔。木塔虽屹立960多年不倒，但"扭曲变形"已至少70年，第二层倾斜尤其严重。经工作人员勘测，发现劈裂、折断、缺损等残损点300余处，随时可能坍塌。20世纪七八十年代，国家文物局曾组织专家进行抢险加固，却没能阻挡住木塔继续变形。20世纪90年代初，木塔修缮正式立项，但修缮方案却"难产"近30年。近30年来，木塔的研究保护经历了两个阶段：第一个阶段从1991年应县木塔维修工程正式立项，到2006年"抬升修缮"方案暂缓进行；第二个阶段从2007年中国文化遗产研究院成为木塔保护工程的技术牵头单位至今。无论是第一阶段的整体修缮方案，还是第二阶段的局部加固方案，都因存在争议至今没有落地实施。

（三）促弱项

通过保护传承文化遗产来促进遗产发展、文化发展、经济发展，是长期以来，直至今天我国文化遗产事业的一大弱项，漠视发展，为保护而保护，为传承而保护始终是遗产工作者重要甚至可以说是唯一的任务。文化遗产服务于当代经济社会发展的时代价值与功用被严重地忽略或遗忘了，从而在很大程度上削弱和丧失了文化遗产的生命力与影响力。新时代保护文化遗产，在宏观保护规划、策略制定和微观保护方法措施的选定上，一定要强化发展意识，坚持以发展的观念看问题，以发展的手段解难题，以发展的力量破困局，在推动文化遗产科学保护、永续传承的同时，实现文化遗产自身发展、文化发展、经济发展的宗旨和目标。

三、补短板

（一）补齐思想短板

中国文化遗产保护发展在思想观念上存在两方面的问题：①背离自身文化遗产特性和传统审美崇尚、价值取向，套用西方文化遗产原真性保护理念、原则，在思想观念上表现出较强的崇外性；②提出的理念、制定的原则更多地强调约束性、强制性，似同负面清单，缺乏宏观引领、微观指导力，在思想观念上表现出较强的教条性。当今时代保护发展文化遗产，要彻底转变思想观念，补齐以上两方面的思想短板，以科学求实的态度，按照创造性转化和创新性发展思路，实现中国文化遗产保护发展在思想理论体系上的转型与突破。

（二）补齐话语短板

经过多年努力，我国文化遗产保护发展取得了长足发展，但由于起步晚、底子薄等原因，迄今在世界文化遗产领域的理论建树还比较少，在重大议题上的话语权也很小。同时，由于国家体制和价值观念的差异，在国际层面，由我国主导的遗产共识尚不够多。这些都与我国作为一个世界文化遗产大国的地位极不相称。新时代保护发展文化遗产，要紧扣我国文化遗产内涵、价值与特征，努力加强我国在世界文化遗产领域的理论建树，着力提升我国文化遗产体系在人类文明格局中的话语地位，尤其是要实现文化遗产的话语转换，创新话语表达方式，把本土话语转换为现代话语、大众话语和国际话语，寻求国际社会最大公约数。

（三）补齐科技短板

近年来，文化遗产保护的科学技术在不断进步，现代科学技术的引进和应用，拓展了文化遗产保护基础科学研究领域，C14、热释光等技术成果在文化遗产保护中的推广应用，抢救了大量珍贵的文化遗产。从目前现状来看，我国文化遗产保护存在科技短板，新技术、新材料优势尚未有效发挥。新时代保护发展文化遗产，要着力发挥新科技技术、工艺、材料在文化遗产保护发展中的重要作用，加强高速激光扫描技术、无损检测技术、纳米技术与文物加固、颜色科学、文物虚拟修复、传感技术与文物预防性保护等新型技术与科学仪器的应用，重点在遗迹遗物探测、文物信息提取、文物价值挖掘、水下文物探测、古代材料加工、馆藏文物保护修复和检测、智慧博物馆技术等前沿领域，进行基础研究和关键技术、先进装备研发，并保持行业领先优势，为遗产保护提供有力的技术支撑。同时，要从人力、物力、财力等方面加大在科技支撑上的投入，以有效强化文化遗产保护发展科技体系。

第三节 实现目标

一、建体系

（一）构建学科体系

文化遗产学科体系是构建文化遗产学的基础和依托。文化遗产保护专业，在世界遗产大国已经成为热门专业，国外很多高等院校和科研机构都承担着文化遗产保护科学与文化遗产保护人才培养的双重任务，针对本国文化遗产特征开展相关教育培训。例如，法国、意大利、丹麦开设了绘画修复保护课程与培训，芬兰开设了水下文化遗产保护课程与培训，比利时注重文物建筑保护方向的课程与培训等。

与之相比，我国文化遗产保护学科建设尚处于起步阶段，学科体系不健全、不系统、不完善，是当前文化遗产保护发展存在诸多问题和不足的重要原因。目前，只有北京大学、西北大学等少数高校直接将文化遗产单独设立院系或专业，且文化遗产保护专业主要分布于硕士、博士层次，发展水平也参差不齐，很少有严格意义上的文化遗产保护专业课程，尚不能形成一个层次分明的系统。新时代保护发展文化遗产，要加快文化遗产学科体系建设，努力使基础学科健全扎实，新兴学科与交叉学科创新发展，重点学科优势突出，基础研究和应用研究相辅相成，学科研究和成果应用相互促进。

（二）构建学术体系

文化遗产学术体系是构建文化遗产学的核心。文化遗产保护不仅是一门跨学科的科学，还是一门多学科相结合的科学。新时代保护发展文化遗产，要从思想、理念、原理、观点、理论、学说、知识、学术和研究方法、材料、工具两个层面加快构建文化遗产学术体系。一要积极融通古今中外文化遗产保护发展的理论、经验成果，不断推进知识创新、理论创新、方法创新。二要坚持问题导向，认真研究新时代文化遗产保护发展面临的主要问题和矛盾，在解决问题、化解矛盾中揭示发展规律，推动理论和学术创新。三要从我国文化遗产保护发展实际出发，提出具有主体性、原创性的理论观点，着力提升原创能力和水平，形成和强化自身特色与优势。

（三）构建话语体系

文化遗产话语体系是文化遗产学术体系的反映、表达和传播方式，是构成文化遗产学科体系的纽结。话语既是思想的外在表现形式，又是构成思想的重要元素。一种理论、思想、学说、知识，从创立、发展到传播运用，需要通过一定的语言来塑造、成型和表达出来。新时代保护发展文化遗产，要加快构建中国文化遗产话语体系。许多国家为抢占未来的制高点和话语权，纷纷将文化遗产保护纳入本国和本地区的战略行动计划，例如，欧盟的"地平线2020计划""地中海地区文物认知与保护计划"，法国的"国家级文化遗产研究计划"，意大利的"文化遗产安全计划"和美国的"拯救美国财富计划"等。

在国际视野下，加强文化遗产与优秀传统文化的认知与保护、传播与影响，并作为重要的战略资源构建话语体系，将会是文化遗产保护领域未来一个时期的主旋律。一要善于提炼标识性概念，打造易于为国际社会所理解和接受的新概念、新范畴、新表述，用中国理念阐释中国实践、展现中国思想、提出中国主张，做到中国话语、世界表达。二要聚焦国际社会关注的文化遗产保护发展问题，积极参与国际规则、标准、法律的制定，提升在世界文化遗产保护领域的国际话语权和规则制定权。三要把建设话语体系同办好国际学术交流活动相结合，主动设置文化遗产保护发展重大议题，勇于参与世界范围的"百家争鸣"。

二、增实力

（一）增强凝聚力

一个民族的文化遗产作为一个民族文化发展的历史见证与实践结果，是该民族心理结构、思维方式、审美情趣、价值取向等深层文化和生活方式、行为习惯等表层文化的集合反映。其独特价值在于，它既是人、社会与国家共同认同的基础与纽带，也是人、社会和国家价值形态与生活方式对生活意义的一种理解的载体，能为每一个社会成员提供基于文化认同之上的身份认同和情感归属，从而形成强大的民族及其文化的凝聚力、创造力、影响力，并因此成为延续、增强民族、文化生命力最直接、最有力的支撑。新时代保护发展文化遗产，要努力增强中华民族及其文化的凝聚力、创新力和影响力。

新时代保护发展文化遗产，要努力挖掘、梳理、提炼、彰显文化遗产中蕴含的中华民族深层文化结构中共同的思想认知、精神特质、价值追求和表层文化结构中共有的行为方式、生活习惯、礼仪习俗，并使之深度融入中国特色社会主义伟大实践，与中国特色社会主义核心价值观思想体系紧密结合，进一步在新的历史条件下不断增强中华民族及其文化的凝聚力，使全体人民在理想信念、价值理念、道德观念上紧紧团结在一起，为实现中华民族伟大复兴和衷共济。

（二）增强创新力

新时代保护发展文化遗产，要积极传承弘扬文化遗产中蕴含的中华民族促进文化发展、推动文明进步的创造智慧、创新精神，尤其是要立足当前中国特色社会主义伟大实践的实际需要，把这种智慧、精神与经济社会的创新发展相结合，让传统的创造、创新的思想火花和精神力量为当代培育创新思维、强化创新意识、提升创新能力释放能量、发挥作用，不断提升国家创新能力、区域创新能力、企业创新能力，进一步增强中华民族及其文化的创新力。

（三）增强影响力

新时代保护发展文化遗产，要依托我国文化的多样性，以文化遗产为载体，加强与世界各国、各民族文化交流与合作，积极参与世界文化遗产保护发展交流对话，展现中国文化遗产保护发展成果，构建具有中国遗产特色、符合中国国情的国际文化遗产保护发展共识，建立以中国文化遗产标识为导向的世界文化遗产价值传播体系，以此不断扩大中国文化的对外影响力。与此同时，要通过以文化遗产为素材讲好中国故事来提高中华文化影响力。要大力宣介文化遗产，把文化遗产中的精神标识提炼、展示出来，把文化遗产中具有当代价值、世界意义的文化精髓提炼、展示出来，让这些精神标识、当代价值、世界意义进入主流市场，影响主流人群，不断增强中华民族及其文化的影响力。

三、惠民生

正确处理文化遗产保护传承和创新发展的关系，充分发挥文化遗产对经济社会的促进作用，让文化遗产事业更好地为惠民生服务，成为民众增强获得感、树立文化自信和促进文化繁荣的重大民生工程，是新时代中国文化遗产保护发展的根本目标。文化遗产保护发展成果融入生活、惠及民众，让公众更多、更深入地了解文化遗产，更广泛参与到遗产保护发展中来，这是新时代文化遗产保护发展的重要任务。

（一）丰富文化生活

挖掘文化遗产内涵，丰富群众文化生活。新时代保护发展文化遗产，要紧紧围绕当前人民群众的文化需求，用现代眼光审视遗产资源，将传统与现代、文化与经济、保护与发展有机结合起来，通过文化资源整合、文化内涵挖掘、文化产品创造等现代创造性转化和创新性发展，生产出更多具有时代感、现代气息和地方特色的，为人民大众所喜爱的文化产品，创作出更多以广大人民投身其中的中国特色社会主义文化建设伟大实践为表现对象的思想深邃、艺术精湛、形式新颖的文艺作品，将丰厚的文化遗产资源切实转化为满足人民日益增长的美好生活需要的积极成果。例如，就非物质文化遗产的保护发展来说，要在保留其精神内核和生产方式的基础上，以新形式、新内容生产出既能准确传达民族传统文化韵味，传承遗产生产技艺，又能体现当代精神，符合当下大众审美趣味的并具有中国特色、中国风格、中国气派的文化产品。

此外,文化遗产保护利用,重在内涵的挖掘,更在价值的活化。要做好文化遗产的展示利用,将文化遗产融入国民教育、文化创造和生产生活。深入挖掘文化遗产的内涵与价值,通过策划遗产展览、开发遗产文创产品、编写遗产普及读物等方式,同时借助旅游、演出、展览、影视、动漫等文化产品媒介,推动文化遗产表现形式、传播形式的多样化、现代化、创新化,让文化遗产以生动、具象的面貌参与到大众社会生活中,不断满足人民群众日益增长的文化需求和文化权利,增强幸福指数。此外,还要充分利用高新技术和数字技术活化遗产内涵,增强遗产文化体验。积极运用5G、虚拟现实、增强现实或混合现实等新的沉浸式技术,通过实物、场景、模型、雕塑、半景画等多维展示方式,结合电子沙盘、投影幕、全息投影、地面互动、电子翻书、虚拟现实等多媒体互动技术,创新文化遗产展陈方式,在强化观众参观鉴赏文化遗产时的视觉、听觉、触觉等感官体验的过程中,满足其深入的情感体验与精神体验需求。近年来,"看见'圆明园'""发现·养心殿""清明上河图""故宫里过大年"等爆红的数字沉浸体验展,正通过文化创意将AR技术手段探索性地运用于博物馆虚拟讲解、"复原"展品、"复活"展览对象并与之互动、展示暂时无法展出的藏品、创建博物馆AR游戏等,以带给观众更多沉浸式的互动体验。

(二)增加经济收入

文化遗产是一种稀缺的文化资源,必然蕴含着巨大的经济价值。从产业发展的角度来看,我国文化遗产丰富多样,是当代文化生产、文化创造取之不尽、用之不竭的资源宝库。目前,文化遗产已经成为旅游业的重要参与力量。中国各地重要的文化遗产几乎都能够发展成为文化旅游的热点,如兵马俑、故宫博物院、长城、布达拉宫、苏州园林等。文化遗产还是传统手工制造业和文化创意产业的重要资源,如景德镇瓷器、苏州刺绣以及各个博物馆方兴未艾的文博创意产品等。此外,文化遗产也是文学、绘画、电影、曲艺、音乐、戏曲、舞蹈等文艺创作的直接对象,尤其是非物质文化遗产中有大量的文化艺术创作原型和素材。

新时代保护发展文化遗产,要通过对文化遗产文化元素内涵、特征的深入挖掘与创造提升,大力发展文化创意产业,拓展文化产业发展的新领域和新途径,充分发挥其在促进文化消费、扩大就业、推动产业转型等方面的经济价值。具体来说,要把文化遗产保护纳入区域经济社会发展大局,积极推动文化遗产与旅游、教育、创意、林业、农业、体育等相关产业的深度融合,与脱贫攻坚、乡村振兴、经济发展、文化繁荣、生态治理等现实需求相结合,在有效保护的基础上,充分依托各地独特的文化遗产资源,通过创意转化、科技提升和市场运作,将文化遗产资源合理转化为具有地方、民族特色和市场潜力的文化产品和文化服务，以文化遗产的突出优势为区域经济社会发展注入新活力，实现与经济社会发展的良性互动，有效增加城乡居民的经济收入。

（三）提升综合素养

发挥遗产教育功能，提升群众综合素养。文化遗产在传承上兼具物质和精神的统一性，内在的文化影响力又能辐射到社会各层面。这些特点使凝聚了传统文化精华的文化遗产被视为弘扬民族精神，加强中华优秀文化传统教育不可替代的资源。保护发展文化遗产，要充分依托遗产资源的文化属性与独特优势，不断满足人民群众的文化需要，提升群众的综合素养：①通过对文化遗产的保护展示，不断加大城乡基层公共文化资源供给。比如，对处于城乡的大遗址，可通过遗址博物馆、展览馆等公共设施建设，遗址生态环境治理，遗址文化景观营造等途径，为人民群众提供富有文化内涵的公共设施和服务设施。②通过对文化遗产资源的发掘、整理和传承，不断丰富活跃群众文化活动。比如，以文化遗产特别是具有活态传承独特性的非物质文化遗产为载体，开展形式多样、内容丰富的文化活动，诸如以地方戏曲、节庆习俗、皮影、剪纸、年画等民俗文化艺术样式为载体，开展公共文化服务，既能丰富人民群众的文化生活，又能在公共空间塑造富有影响力、传播力的传统符号象征，激发和深化人民大众对民族民间文化精神、力量的认同与热情，有利于文化遗产的传承和发展。③通过遗产教育不断提升人民群众的艺术鉴赏能力。在做好文化遗产展览展示工作的基础上，将文化遗产教育纳入国民教育体系，充分发挥文化遗产对公众的教育功能，是提升国民综合素养，增强国民文化自觉、文化自信的重要支撑。为此，要定期举办文化遗产讲习班、文化遗产知识课堂、文化遗产知识讲坛、文化遗产公开课等，拉近民众与文化遗产的距离，让民众在吸纳知识、提高自我的过程中，不断提升综合素养，强化使命担当。

课后思考题

1. 如何运用科学技术推动文化遗产保护发展？
2. 如何认识文化遗产保护发展与文化自信的关系？怎样通过保护发展文化遗产来坚定文化自信？
3. 文化遗产保护与区域文化建设有什么关系？具体实践路径有哪些？
4. 文化遗产保护与区域经济发展有什么关系？如何发挥文化遗产促进区域经济发展的作用？

附录：中国文化遗产保护重要文件与准则

西安宣言

——关于古建筑、古遗址和历史区域周边环境的保护

国际古迹遗址理事会第15届大会于2005年10月21日在西安通过

一、导　言

应中国古迹遗址保护协会的邀请，我们于2005年10月17日至21日在中国古城西安召开国际古迹遗址理事会第15届大会并庆祝该组织成立40周年，回顾她为维护和保护作为可持续和人文发展的一部分的世界文化遗产所作出的长期努力；

得益于大会期间召开的"古迹遗址及其周边环境——在不断变化的城镇和自然景观中的文化遗产保护"国际科学研讨会上所交流的众多案例和反思，以及得益于中国和各国政府、研究机构和专家关于在加速变化和发展的条件下充分保护和管理古建筑、古遗址和历史区域（诸如古城、自然景观、古迹路线和考古遗址）的经验。注意到《关于古迹遗址保护与修复的国际宪章》（即《威尼斯宪章》，1964年）以及该宪章所引发产生的其他许多文件中所体现出的对古迹遗址周边环境保护的国际的和专业领域内的兴趣——这种兴趣尤其是通过国际古迹遗址理事会的国家委员会和国际委员会表现出来，并体现在《奈良真实性文件》（1994年）和其他国际会议所通过的结论和建议中，诸如：《会安宣言——保护亚洲历史街区》（2003年）、《恢复巴姆文化遗产宣言》（2004年）以及《汉城宣言——亚洲历史城镇和地区的旅游业》（2005年）。

注意到联合国教科文组织的公约和建议中关于"周边环境"的概念，包括《关于保护景观和遗址的风貌与特性的建议》（1962年）、《关于保护受到公共或私人工程危害的文化财产的建议》（1968年）、《关于历史地区的保护及其当代作用的

建议》(1976年)、《保护无形文化遗产公约》(2003年),尤其是《保护世界文化和自然遗产公约》(1972年)及其执行性原则——在这些文件中,"周边环境"被认为是体现真实性的一部分并需要通过建立缓冲区加以保护,这也为国际古迹遗址理事会、联合国教科文组织以及其他合作伙伴进行国际和跨学科合作提供了机会。

强调有必要采取适当措施应对由于生活方式、农业、发展、旅游或大规模天灾人祸所造成的城市、景观和遗产线路急剧或累积的改变;有必要承认、保护和延续遗产建筑物或遗址及其周边环境的有意义的存在,以减少上述进程对文化遗产的真实性、意义、价值、整体性和多样性所构成的威胁。

国际古迹遗址理事会第15届大会的代表特此通过如下有关原则和建议的宣言,并将它告知所有能够通过立法、政策制定、规划和管理等途径促进宣言目标实现的政府间组织、非政府组织、中央和地方政府、机构和专家,以便更好地保护世界的古建筑、古遗址和历史区域及其周边环境。

二、承认周边环境对古迹遗址重要性和独特性的贡献

1. 古建筑、古遗址和历史区域的周边环境指的是紧靠古建筑、古遗址和历史区域的和延伸的、影响其重要性和独特性或是其重要性和独特性组成部分的周围环境。

除了实体和视觉方面的含义之外,周边环境还包括与自然环境之间的相互关系;所有过去和现在的人类社会和精神实践、习俗、传统的认知或活动、创造并形成了周边环境空间的其他形式的非物质文化遗产,以及当前活跃发展的文化、社会、经济氛围。

2. 不同规模的古建筑、古遗址和历史区域(包括城市、陆地和海上自然景观、遗址线路以及考古遗址),其重要性和独特性在于它们在社会、精神、历史、艺术、审美、自然、科学等层面或其他文化层面存在的价值,也在于它们与物质的、视觉的、精神的以及其他文化层面的背景环境之间所产生的重要联系。

这种联系,可以是一种有意识和有计划的创造性行为的结果、精神信念、历史事件、对古遗址利用的结果或者是随着时间和传统的影响而日积月累形成的有机变化。

3. 理解、记录、展陈周边环境对定义和鉴别古建筑、古遗址和历史区域的重要性十分重要。

对周边环境进行定义,需要了解遗产资源周边环境的历史、演变和特点。对周边环境划界,是一个需要考虑各种因素的过程,包括现场体验和遗产资源本身的特点等。

4. 对周边环境的充分理解需要多方面学科的知识和利用各种不同的信息资源。

这些信息资源包括正式的记录和档案、艺术性和科学性的描述、口述历史和传统知识、当地或相关社区的角度以及对近景和远景的分析等。同时，文化传统、宗教仪式、精神实践和理念如风水、历史、地形、自然环境价值，以及其他因素等，共同形成了周边环境中的物质和非物质的价值和内涵。周边环境的定义应当十分明确地体现周边环境的特点和价值以及其与遗产资源之间的关系。

三、通过规划手段和实践来保护和管理周边环境

1. 可持续地管理周边环境，需要前后一致地、持续性地运用有效的法律和规划手段、政策、战略和实践，同时这些方法手段还需适应当地的文化环境。

管理背景环境的手段包括具体的立法措施、专业培训、制定全面保护和管理的计划以及采用适当的遗产影响评估系统。

2. 涉及古建筑、古遗址和历史地区的周边环境保护的法律、法规和原则，应规定在其周围设立保护区或缓冲区，以反映和保护周边环境的重要性和独特性。

3. 规划手段应包括相关的规定以有效控制外界急剧或累积的变化对周边环境产生的影响。

重要的天际线和景观视线是否得到保护，新的公共或私人施工建设与古建筑、古遗址和历史区域之间是否留有充足的距离，是对周边环境是否在视觉和空间上被侵犯以及对周边环境的土地是否被不当使用进行评估的重要考量。

4. 对任何新的施工建设都应当进行遗产影响评估，评估其对古建筑、古遗址和历史区域及其周边环境重要性会产生的影响。

在古建筑、古遗址和历史区域的周边环境内的施工建设应当有助于体现和增强其重要性和独特性。

四、监控和管理对周边环境产生影响的变化

1. 古建筑、古遗址和历史区域的周边环境发生的变化所产生的个别的和累积的影响，以及这种变化的速度是一个渐进的过程，这一过程必须得到监控和管理。

城乡景观、生活方式、经济和自然环境累积或急剧的改变可以显著地、不可挽回地影响周边环境对古建筑、古遗址和历史区域重要性所作出的真正贡献。

2. 应当管理古建筑、古遗址和历史区域周边环境的变化，以保留其文化重要性和独特性。

管理古建筑、古遗址和历史区域的周边环境的变化并不一定需要防止或阻挠其发生变化。

3. 进行监控，应当对识别、衡量、组织和补救古迹遗址的腐蚀、重要性消失或平庸化所采取的途径和行动加以明确，并就古迹遗址的保护、管理和展陈活动提出改进措施。

应当制定定量和定性指标，评估周边环境对古建筑、古遗址和历史区域的重要性所产生的贡献。监控指标应当包括硬性指标，如对视野、轮廓线和公共空间的侵犯，空气污染、噪音等，以及经济、社会和文化等层面的指标。

五、当地、跨学科领域和国际社会进行合作，增强保护和管理周边环境的意识

1. 同当地和相关社区的协力合作和沟通，是周边环境保护和管理可持续发展战略的重要组成部分。

在保护和管理周边环境方面，应当鼓励不同学科领域间的沟通，这应当成为一种公认的惯例。相关的领域包括建筑学、城市和地区规划、景观规划、人类学、考古学、历史学、人类文化学、博物馆学、档案学等。

应当鼓励与自然遗产领域的机构和专家的合作，这应当是对古建筑、古遗址和历史区域及其周边环境进行确认、保护和展陈的有机组成部分。

2. 要鼓励进行专业培训、展陈、社区教育和公众意识的培养，以此支持各种合作和知识的分享，促进保护目标的实现，提高保护手段、管理计划及其他相关手段的效率。

应当借鉴从个别古建筑、古遗址和历史区域保护中获得的经验、知识和手段，以改进周边环境的保护。

专家、机构、当地和相关社区人员应共同担起责任，充分认识周边环境在各方面的重要性；在做决定时，应该充分考虑周边环境有形和无形的层面。

北京文件

——关于东亚地区文物建筑保护与修复

东亚地区文物建筑保护理念与实践国际研讨会于2007年5月28日在北京通过

背 景

中国国家文物局、国际文化财产保护与修复研究中心、国际古迹遗址理事会和联合国教科文组织世界遗产中心于2007年5月24至28日在北京联合举办了"东亚地区文物建筑保护理念与实践国际研讨会"。此次会议针对世界遗产委员会第30届大会（维尔纽斯）就北京故宫、天坛和颐和园当前的修复工作所提出的关切与建议进行了研讨。此次会议也是针对遗产保护原则和实践所产生的争议展开的一次后续行动，而这些遗产体现出不同的文化与传统。代表联合国教科文组织世界遗产中心、国际古迹遗址理事会、国际文化财产保护与修复研究中心和来自中国、澳大利亚、加拿大、科特迪瓦、芬兰、法国、德国、伊朗、以色列、意大利、日本、蒙古、菲律宾、韩国、泰国、英国和美国等共约60余名专业人员出席了此次研讨会。会议议程包括考察并讨论当时正在进行的北京3处世界遗产地的修复工作。

与会代表对中国国家文物局的盛情邀请以及会议和现场考察期间所有相关单位所提供的热情的接待、清晰的介绍与畅所欲言的讨论活动表示感谢。此外，在听取了审议内容和考察了北京的世界遗产地之后，与会代表通过了以下文件，其中包括对北京世界遗产地正在进行的修复工作所提出的建议，以期使这一文件不仅有助于上述遗产地的保护，而且为地区合作奠定基础，从而更好地制定针对东亚地区其他古迹遗址保护与管理的理论和实践指导原则。

保护原则

2007年5月24至28日，在北京举行的此次国际研讨会讨论了文物建筑保护和修复的理念与实践，其中特别就北京的3处世界遗产地案例进行了研讨。此次会议回顾了有关保护理念与原则，包括2000年经中国国家文物局批准，中国古迹遗址保护协会颁布的《中国文物古迹保护准则》（以下简称《中国准则》），联合国教科文组织1972年通过的《保护世界文化和自然遗产公约》及其《操作指南》，联合国教科文组织通过的其他建议与宣言文件，相关国际会议通过的决定，以及国际古迹遗址理事会通过的国际宪章和文件，如《威尼斯宪章》（1964年）、《奈良真实性文件》（1994年）、《古迹、建筑群和遗址的记录准则》（1996年）、《木结构古建筑保护准则》（1999年）、《国际文化旅游宪章》（1999年）、《壁画保存、保护与修复准则》（2003年）、《建筑遗产分析、保护和结构修复准则》（2003年）、《西安宣言——关于古建筑、古遗址和历史区域周边环境的保护》（2005年）以及国际古迹遗址理事会澳大利亚国家委员会通过的《巴拉宪章》（1999年）。此外，各国遗产保护机构自现代保护运动发起以来从各自保护实践中以及从世代相传的文物建筑保护的传统做法中总结的原则和经验，也在此次会议上受到了关注。

文化多样性与保护过程

正如《奈良真实性文件》和《联合国教科文组织文化多样性世界宣言》（1999年）所主张的，文化遗产的根本特征是源于人类创造力的多样性。文化多样性是人类精神和思想丰富性的体现，也是人类遗产独特性的组成部分。因此，采取审慎的态度至关重要。在修复过程中必须充分认识到遗产资源的特性，并确保在保护和修复过程中保留其历史的和有形与无形的特征。

现代保护理论可以被视为涵盖决策过程的方法论，这一决策过程从认知遗产资源的重要性和价值开始，并构成采取相应保护处理的依据。认知过程必须建立在包括研究、咨询和传统等各种来源的基础上，以获得对该遗产地及其重要历史积淀层的充分理解。考虑到各个遗产地的文化和历史特性，修复工作不能不经过适当的论证和认知，就按照固定的应用方式或标准化的解决方法进行。

档案记录与信息资料

在开始任何干预工程或修复项目之前，应制定一项行动计划，明确所依据的理论方法，并详细说明如何进行实施与监督。这些计划需要得到相关遗产管理部门的批准。文物建筑及其周边环境本身应被视为信息的基本来源，并补充以档案资料和传统知识。理解这些复杂的信息来源是确定开展包括保养和维修在内的任何保护工作的前提。文物建筑及其周边环境的保护工作应被视为一个跨学科的过程，诸如建筑学、工程学、历史学、考古学、材料和结构的科学方法，以及社区的利益攸关者，包括传统知识等。遗产地的认定和调查过程包括对该遗产地及其周边环境进行详细的勘查并予以登记造册，此类调查须对所有的历史遗迹和痕迹进行查核。

文化遗产管理者负责确保做好充足的档案记录，并确保这些记录的质量和更新。不断做好档案记录应是任何保护管理规划及其实施的有机组成部分。准确的档案记录程序应以分析报告和评估报告的形式呈现，配以图纸、照片和绘图等，这应当是任何修复项目的一个组成部分。修复工作的每一个阶段以及所使用的材料和方法都应记录归档。在修复项目完成后的合理时限内，应准备并出版一份报告，总结相关的研究、开展的工作及其成果。报告应存放在公共机构的档案室，得以使研究人员参考使用。报告的副本应存放在原址。

真实性

通过对《奈良真实性文件》《中国准则》以及《实施〈保护世界文化和自然遗产公约〉的操作指南》等文件的回顾，与会代表强调了在实践中贯彻文件所述原则的必要性，尤其对《奈良真实性文件》中第9段和第13段的内容给予了特别的重视。真实性可以理解为信息来源的可靠性和真实性。文物建筑与遗址本身作为信息的来源具有根本的重要性，体现在诸如形式与设计、原料与材料、用途与功能、位置与环境，以及传统知识体系、口头传统与技艺、精神与情感等因素中。任何维修与修复的目的应是保持这些信息来源的真实性完好无损。在可行的条件下，应对延续不断的传统做法予以应有的尊重，比如在有必要对建筑物表面重新进行油饰彩画时。这些原则与东亚地区的文物古迹息息相关。

完整性

《中国准则》明确指出，保护遗产地不得改变其历史原状。这是特别针对历史建筑群，如古代宫殿建筑群的完整性条件而言的。《实施〈保护世界文化和自然遗产公约〉的操作指南》指出，完整性可定义为"衡量自然和/或文化遗产及其特征的整体性和无缺憾性"。它应考虑到体现遗产重要性和价值所需的一切因素。对一座文物建筑，它的完整性应定义为与其结构、油饰彩画、屋顶、地面等内在要素的关系，及其与人为环境和/或自然环境的关系。为了保持遗产地的历史完整性，有必要使体现其全部价值所需因素中的相当一部分得到良好的保存，包括建筑物的重要历史积淀层。正如《西安宣言》所强调的："古建筑、古遗址和历史区域的周边环境指的是紧靠古建筑、古遗址和历史区域的和延伸的、影响其重要性和独特性或是其重要性和独特性组成部分的周边环境……理解、记录、展陈周边环境对定义和鉴别古建筑、古遗址和历史区域的重要性十分重要。"

保养和维修

保养和维修的目的是保证古迹遗址保持良好的状况。这一工作应当基于对该财产的真实性和完整性的明确认识和尊重。定期的防护保养至关重要。材料和结构的替换或更新应保持在合理的最小的程度，以便尽可能多地保留历史材料。所有的工程均应做好恰当的档案记录。只有在需要采取相应的措施，替换腐朽或破损的构件或构件的某些部位，或需要修复时，方可进行更换。在维修木结构时，选用替换木材应适当尊重相关价值。新的构件或新构件的某些部分应用相同的树种制作，如果无法做到这一点，则应与被替换构件保持相似的特性，这一点至关重要。从现场拆移下来的任何重要材料均应予以保存，以供研究和教学之用。

木结构油饰彩画的表面处理

建筑外表及其面层是古迹外观的重要组成部分，具有历史、审美和工艺价值。建筑表面同时构成文物建筑的保护层，对这些表面最好的保护方法就是定期保养。然而，这些表面易遭风化、磨损，经常需要维修。同时，建筑表面的丰富性是建立在文化表现形式的多样性、审美成就以及从古至今所使用的材料和工艺的多样性的基础之上的。在许多情况下，工艺技术和材料会历经多个世纪保持不变。尽管如此，每个阶段也都有其特殊的文化背景和价值，这些都体现在匠师们的杰作之中。这正是木结构表面油饰彩画的情况。因此，在保护中首先要关注的是应当尽可能多地保留表层材料的真实性，涉及到重新油饰彩画的决定应当建立在适当的专业咨询基础之上。对所有的油饰彩画表面应首先通过科学分析的方法进行调查研究，以揭示有关原始材料和工艺、历史上的干预、当前状态以及宏观和微观层面的腐朽机理等方面的信息。适当的传统技术和工艺应在任何可行的条件下加以应用。传统材料和相关知识也应得到不断研究，以增进对技术工艺的认识，并改善对其应用。新材料和新工艺只有在经过试验并被证实之后方可使用，而且绝不能对遗址造成破坏。

重 建

《中国准则》规定，不复存在的建筑一般不应重建。只有在特许情况下，才可有选择地对个别建筑在原址上进行重建。这只有在经过具有扎实学问和严谨判断力的专家组和/或相关人士确定后，依据确凿的情况下方可进行。在确定有利于遗址的完整性、保护状况和/或稳定性的情况下，可以考虑进行局部重建。不过，如果遗址本身的现状已具备某种重要性，或档案和实物遗存不能为重建目的提供足够的信息资料，则不应考虑重建。重建不得伪造城市环境和景观，或破坏现存的历史肌理。在任何情况下，重建的决定都应当是与相关社区进行协商后的结果。对与重建相关的所有问题进行补充性讨论将有助于提供进一步的指导。

管 理

保护规划是管理遗址以及进行保护干预和展陈的基础。遗产地管理是国家社会经济发展的重要组成部分，必须将其纳入相关城乡规划法规和规划过程中，并需要多学科之间的合作。在制定保护规划及其之后的实施过程中，应当明确并遵循公开透明的决策程序。遗址管理体制和手段须完备，以实施管理规划。对遗址的重大干预应在充分研究基础上制定的详细行动计划的指导下进行，该计划对实施过程中所使用的方法和手段做出明确规定。遗址管理体制及其手段必须日复一日地反复强调定期保护与保养、监测、风险管理和遗址展陈的必要性。

展陈和旅游管理

针对游客的展陈是保护过程必不可少的组成部分，它涉及对遗产地游客承载能力的分析，以及在讲述故事、展出物品和展现为保护做出努力时所用的方法和媒介。游客对遗址价值有所了解，就会享受参观过程，并因此关注这些遗产地及其保护。可持续的旅游管理需要纳入遗址管理体系中。旅游信息、媒体兴趣、游客流量和影响是一切保护项目无论其大小需要考虑的重要因素。众多遗产地面临的巨大旅游压力需通过进一步规划和细化管理，来避免或降低目前明显的负面影响。

培 训

培训是可持续管理体系中不可或缺的组成部分。国家机构应当将制定涉及必要学科和技术的培训战略纳入其政策中。针对世界遗产地的培训应着眼于《世界遗产全球培训战略》中所体现的三个主要领域,即:《保护世界文化和自然遗产公约》的实施、世界遗产地的管理以及为更好地保护世界遗产地对保护方法和技术的改进。培训项目应利用现有技能、当地智慧和各阶层专业知识的优势,包括高校和地区合作伙伴关系,加强与诸如国际文化财产保护与修复研究中心、国际古迹遗址理事会、世界自然保护联盟和联合国教科文组织等国际组织的合作。要特别重视提倡传统技能以及有关建筑工艺和其他传统技能知识的传承与抢救。这可能涉及在国家或地区层面建立合作伙伴关系,以便对上述知识进行鉴别与记录,并将其纳入相关学校和培训中心的教育和培训计划中。

中国文物古迹保护准则（2015）

国际古迹遗址理事会中国国家委员会制定 中华人民共和国国家文物局推荐

第一章 总 则

第1条 本准则适用对象统称为文物古迹。它是指人类在历史上创造或遗留的具有价值的不可移动的实物遗存，包括古文化遗址、古墓葬、古建筑、石窟寺、石刻、近现代史迹及代表性建筑、历史文化名城、名镇、名村和其中的附属文物；文化景观、文化线路、遗产运河等类型的遗产也属于文物古迹的范畴。

第2条 准则的宗旨是对文物古迹实施有效保护。保护是指为保存文物古迹及其环境和其他相关要素进行的全部活动。保护的目的是通过技术和管理措施真实、完整地保存其历史信息及其价值。

第3条 文物古迹的价值包括历史价值、艺术价值、科学价值以及社会价值和文化价值。

社会价值包含了记忆、情感、教育等内容，文化价值包含了文化多样性、文化传统的延续及非物质文化遗产要素等相关内容。文化景观、文化线路、遗产运河等文物古迹还可能涉及相关自然要素的价值。

第4条 保护必须按照本《准则》规定的程序进行。价值评估应置于首位，保护程序的每一步骤都实行专家评审制度。

第5条 研究应贯穿保护工作全过程，所有保护程序都要以研究成果为依据。研究成果应当通过有效的途径公布或出版，促进文物古迹保护研究，促进公众对文物古迹价值的认识。

第6条 文物古迹的利用必须以文物古迹安全为前提，以合理利用为原则。利用必须坚持突出社会效益，不允许为利用而损害文物古迹的价值。

第7条 文物古迹的从业人员应具有相关的专业教育背景，并经过专业培训取得相应资格。获取资格的从业人员，应定期接受培训，提高工作能力。

第8条　文物古迹的保护是一项社会事业，需要全社会的共同参与。全社会应当共享文物古迹保护的成果。

第二章　保护原则

第9条　不改变原状：是文物古迹保护的要义。它意味着真实、完整地保护文物古迹在历史过程中形成的价值及其体现这种价值的状态，有效地保护文物古迹的历史、文化环境，并通过保护延续相关的文化传统。

第10条　真实性：是指文物古迹本身的材料、工艺、设计及其环境和它所反映的历史、文化、社会等相关信息的真实性。对文物古迹的保护就是保护这些信息及其来源的真实性。与文物古迹相关的文化传统的延续同样也是对真实性的保护。

第11条　完整性：文物古迹的保护是对其价值、价值载体及其环境等体现文物古迹价值的各个要素的完整保护。文物古迹在历史演化过程中形成的包括各个时代特征、具有价值的物质遗存都应得到尊重。

第12条　最低限度干预：应当把干预限制在保证文物古迹安全的程度上。为减少对文物古迹的干预，应对文物古迹采取预防性保护。

第13条　保护文化传统：当文物古迹与某种文化传统相关联，文物古迹的价值又取决于这种文化传统的延续时，保护文物古迹的同时应考虑对这种文化传统的保护。

第14条　使用恰当的保护技术：应当使用经检验有利于文物古迹长期保存的成熟技术，文物古迹原有的技术和材料应当保护。对原有科学的、利于文物古迹长期保护的传统工艺应当传承。所有新材料和工艺都必须经过前期试验，证明切实有效，对文物古迹长期保存无害、无碍，方可使用。

所有保护措施不得妨碍再次对文物古迹进行保护，在可能的情况下应当是可逆的。

第15条　防灾减灾：及时认识并消除可能引发灾害的危险因素，预防灾害的发生。要充分评估各类灾害对文物古迹和人员可能造成的危害，制定应对突发灾害的应急预案，把灾害发生后可能出现的损失减到最小程度。对相关人员进行应急预案培训。

第三章　保护和管理工作程序

第16条　文物古迹保护和管理工作程序分为六步，依次是调查、评估、确定文物保护单位等级、制订文物保护规划、实施文物保护规划、定期检查文物保护规划及其实施情况。

第17条 调查：包括普查、复查和重点调查。一切历史遗迹和有关的文献，以及周边环境都应当列为调查对象。遗址应进行考古勘查，确定遗址范围和保存状况。

第18条 评估：包括对文物古迹的价值、保存状态、管理条件和威胁文物古迹安全因素的评估，也包括对文物古迹研究和展示、利用状况的评估。评估对象为文物古迹本体以及所在环境，评估应以勘查、发掘及相关研究为依据。

第19条 确定文物古迹的保护等级：文物古迹根据其价值实行分级管理。价值评估是确定文物古迹保护等级的依据。各级政府应根据文物古迹的价值及时公布文物保护单位名单。公布为保护单位的文物古迹应落实保护范围，建立说明标志，完善记录档案，设置专门机构或专人负责管理。保护范围以外应划定建设控制地带，以缓解周边建设或生产活动对文物古迹造成的威胁。

第20条 编制文物保护规划：文物古迹所在地政府应委托有相应资质的专业机构编制文物古迹保护规划。规划应符合相关行业规范和标准。规划编制单位应会同相关专业人员共同编制。涉及考古遗址时，应有负责考古工作的单位和人员参与编制。

文物古迹的管理者也应参与规划的编制，熟悉规划的相关内容。规划涉及的单位和个人应参与规划编制的过程并了解规划内容。在规划编制过程中应征求公众意见。

文物保护规划应与当地相关规划衔接。文物保护规划一经公布，则具有法律效力。

第21条 实施文物保护规划：通过审批的保护规划应向社会公布。文物古迹所在地政府是文物保护规划的实施主体。文物古迹保护管理机构负责执行规划确定的工作内容。

应通过实施专项设计落实文物保护规划。列入规划的保护项目、游客管理、展陈和教育计划、考古研究及环境整治应根据文物古迹的具体情况编制专项设计。规划中的保护工程专项设计必须符合各类工程规范，由具有相应资质的专业机构承担，由相关专业的专家组成的委员会评审。

第22条 定期评估：管理者应定期对文物保护规划及其实施进行评估。文物行政管理部门应对文物保护规划实施情况予以监督，并鼓励公众通过质询、向文物行政管理部门反映情况等方式对文物保护规划的实施进行监督。当文物古迹及其环境与文物保护规划的价值评估或现状评估相比出现重大变化时，经评估、论证，文物古迹所在地政府应委托有相应资质的专业机构对文物保护规划进行调整，并按原程序报批。

第23条 管理：是文物古迹保护的基本工作。管理包括通过制定具有前瞻性的规划，认识、宣传和保护文物古迹的价值；建立相应的规章制度；建立各部门间的合作机制；及时消除文物古迹存在的隐患；控制文物古迹建设控制地带内的建设活动；联络相关各方和当地社区；培养高素质管理人员；对文物古迹定期维护；提供高水平的展陈和价值阐释；收集、整理档案资料；管理旅游活动；保障文物古迹安全；保证必要的保护经费来源。

第四章 保护措施

第24条 保护措施是通过技术手段对文物古迹及环境进行保护、加固和修复，包括保养维护与监测、加固、修缮、保护性设施建设、迁移以及环境整治。所有技术措施在实施之前都应履行立项程序，进行专项设计。所有技术和管理措施都应记入档案。相关的勘查、研究、监测及工程报告应由文物古迹管理部门公布、出版。

第25条 保养维护及监测：是文物古迹保护的基础。保养维护能及时消除影响文物古迹安全的隐患，并保证文物古迹的整洁。应制定并落实文物古迹保养制度。

监测是认识文物古迹蜕变过程及时发现文物古迹安全隐患的基本方法。对于无法通过保养维护消除的隐患，应实行连续监测，记录、整理、分析监测数据，作为采取进一步保护措施的依据。

保养维护和监测经费由文物古迹管理部门列入年度工作计划和经费预算。

第26条 加固：是直接作用于文物古迹本体，消除蜕变或损坏的措施。加固是针对防护无法解决的问题而采取的措施，如灌浆、勾缝或增强结构强度以避免文物古迹的结构或构成部分蜕变损坏。加固措施应根据评估，消除文物古迹结构存在的隐患，并确保不损害文物古迹本体。

第27条 修缮：包括现状整修和重点修复。

现状整修主要是规整歪闪、坍塌、错乱和修补残损部分，清除经评估为不当的添加物等。修整中被清除和补配部分应有详细的档案记录，补配部分应当可识别。

重点修复包括恢复文物古迹结构的稳定状态，修补损坏部分，添补主要的缺失部分等。

对传统木结构文物古迹应慎重使用全部解体的修复方法。经解体后修复的文物古迹应全面消除隐患。修复工程应尽量保存各个时期有价值的结构、构件和痕迹。修复要有充分依据。

附属文物只有在不拆卸则无法保证文物古迹本体及附属文物安全的情况下才被允许拆卸，并在修复后按照原状恢复。

由于灾害而遭受破坏的文物古迹，须在有充分依据的情况下进行修复，这些也属于修缮的范畴。

第28条　保护性设施建设：通过附加防护设施保障文物古迹和人员安全。保护性设施建设是消除造成文物古迹损害的自然或人为因素的预防性措施，有助于避免或减少对文物古迹的直接干预，包括设置保护设施，在遗址上搭建保护棚罩等。

监控用房、文物库房及必要的设备用房等也属于保护性设施。它们的建设、改造须依据文物保护规划和专项设计实施，把对文物古迹及环境影响控制在最小程度。

第29条　迁建：是经过特殊批准的个别的工程，必须严格控制。迁建必须具有充分的理由，不允许仅为了旅游观光而实施此类工程。迁建必须经过专家委员会论证，依法审批后方可实施。必须取得并保留全部原状资料，详细记录迁建的全过程。

第30条　环境整治：是保证文物古迹安全，展示文物古迹环境原状，保障合理利用的综合措施。整治措施包括：对保护区划中有损景观的建筑进行调整、拆除或置换，清除可能引起灾害的杂物堆积，制止可能影响文物古迹安全的生产及社会活动，防止环境污染对文物造成的损伤。

绿化应尊重文物古迹及周围环境的历史风貌，如采用乡土物种，避免因绿化而损害文物古迹和景观环境。

第31条　油饰彩画保护：必须在科学分析、评估其时代、题材、风格、材料、工艺、珍稀性和破坏机理的基础上，根据价值和保存状况采取现状整修或重点修复的保护措施。

油饰彩画保护的目的是通过适当的加固措施尽可能保存原有彩画。若通过评估需要重绘时，重绘部分必须尊重原设计、使用原工艺并尽可能使用原材料。

工程的每一步骤必须有详尽的档案记录。有重要价值但无法在原位保存的彩画应在采取保护措施后，作为文物或档案资料保存。

第32条　壁画保护：对石窟、寺庙、墓葬壁画所采取的保护措施必须经过研究、分析和试验，保证切实有效。

壁画保护首先应采取防护措施。只有在充分认识壁画的退化机理的前提下，才能进行加固。

复原可能破坏壁画的真实性，不适合壁画的保护。只有在原有环境中确实难以保护的情况下，壁画才允许迁移保护。

第33条　彩塑保护：首先应保证彩塑结构稳定、安全，对彩塑所采取的保护措施，必须经过研究、分析和试验，证明切实有效。

彩塑保护应注意保存不同时代彩妆的信息，避免或杜绝为展示某一特定时代特征而消除其它时代信息的做法。

第34条　石刻保护：应以物理防护为主，首先保证石刻安全。任何直接接触石刻表面的防护和保护措施都必须经过研究、分析和试验，证明对石刻文物无害方可使用。

第35条　考古遗址保护：考古发掘应优先考虑面临发展规划、土地用途改变、自然退化威胁的遗址和墓葬。有计划或抢救性考古发掘、包括因国家重大工程建设进行的考古发掘，都应制定发掘中和发掘后的保护预案，在发掘现场对遗址和文物提取做初步的保护，避免或减轻由于环境变化对遗址和文物造成的损害。

经发掘的遗址和墓葬不具备展示条件的，应尽量实施原地回填保护，并防止人为破坏。经过评估，无条件在原址保存的遗址和墓葬，方可迁移保护。规模宏大、价值重大、影响深远的大型考古遗址（大遗址）应整体保护。

在确保遗址安全的前提下，可采取多种展示方式进行合理利用。具有一定资源条件、社会条件和可视性的大型考古遗址可建设为考古遗址公园。

第36条　近现代史迹及代表性建筑的保护：近现代建筑、工业遗产和科技遗产的保护应突出考虑原有材料的基本特征，尽可能采用不改变原有建筑及结构特征的加固措施。增加的加固措施应当可以识别，并尽可能可逆，或至少不影响以后进一步的维修保护。

第37条　纪念地的保护应突出对于体现纪念地价值的环境特征的保护。

第38条　文化景观、文化线路、遗产运河的保护：必须在对各构成要素保护的基础上突出对文物古迹整体的保护。一定范围内的环境和自然景观是这些文物古迹本体的构成要素，对这部分环境和自然景观的保护和修复即是对文物古迹本体的保护。

第39条　历史文化名城、名镇、名村的保护：除了对文物古迹各构成要素的保护，还须考虑对整体的城镇历史景观的保护。保护不仅要考虑城市肌理和建筑体量、密度、高度、色彩、材料等因素，同时也应保护、延续仍保持活力的文化传统。

从环境景观的角度还需考虑对视线通廊、周围山水环境等体现城镇、村落选址、景观设计意图等要素的保护。

第五章　合理利用

第40条　合理利用是文物古迹保护的重要内容。应根据文物古迹的价值、特征、保存状况、环境条件，综合考虑研究、展示、延续原有功能和赋予文物古迹适宜的当代功能的各种利用方式。利用应强调公益性和可持续性，避免过度利用。

第41条　鼓励以文物古迹为资料，进行相关研究工作。

文物古迹是历史变迁、文化发展的实物例证，是历史、文化研究的重要对象。对文物古迹的研究是实现文物古迹价值的重要方式。

第42条　鼓励对文物古迹进行展示，对其价值做出真实、完整、准确地阐释。展示应基于对文物古迹全面、深入的研究。要避免对文物古迹及相关历史、文化作不准确的表述。展示应针对不同背景的群体采用易于理解的方式。

展示和游客服务设施的选址应根据文物保护规划和专项设计进行，须符合文物古迹保护、价值阐释、保证游客安全、对原有环境影响最小等要求。服务性设施应尽可能远离文物古迹本体。展陈、游览设施应统一设计安置。

第43条　不提倡原址重建的展示方式。考古遗址不应重建。鼓励根据考古和文献资料通过图片、模型、虚拟展示等科技手段和方法对遗址进行展示。

第44条　对仍保持原有功能，特别是这些功能已经成为其价值组成部分的文物古迹，应鼓励和延续原有的使用方式。

第45条　赋予文物古迹新的当代功能必须根据文物古迹的价值和自身特点，确保文物古迹安全和价值不受损害。利用必须考虑文物古迹的承受能力，禁止超出文物古迹承受能力的利用。

因利用而增加的设施必须是可逆的。

第六章　附　则

第46条　针对新的文物古迹类型，鼓励遵循《准则》的原则探索适合特定类型的文物古迹的保护方法。

第47条　本《准则》由中国古迹遗址保护协会制定、通过，中国国家文物局批准向社会公布。中国古迹遗址保护协会负责对本《准则》及其附件进行解释。在需要进行修订时也要履行相同程序。

大遗址利用导则(试行)

国家文物局2020年发布

第一条 为科学指导大遗址利用工作,实现文物有效保护与合理利用,根据《中华人民共和国文物保护法》《关于加强文物保护利用改革的若干意见》等法律法规和政策性文件制定本导则。

第二条 本导则适用于列入国家大遗址保护项目库的大遗址利用工作,其他古文化遗址、古墓葬利用工作可参照本导则实施。

第三条 大遗址利用应遵循"坚持保护第一、注重文化导向、服务社会民生、实现可持续发展"的基本原则,确保文物本体及其环境安全,采取多种方式科学阐释文物价值,提升文物保护管理和利用水平,协调文物保护、文化传承与地方经济社会发展、民生改善、环境提升的关系。

第四条 地方人民政府应明确大遗址利用的直接责任主体。

大遗址利用涉及多方权益时,地方人民政府应协调明确各利益相关方的权责。鼓励地方人民政府研究、建立大遗址利用的多部门协调机制、文物补偿机制、激励办法和保障措施。

第五条 鼓励机关、团体、企事业单位、集体和个人参与宣传推介、设施建设、游客服务、文化策划、产业发展等大遗址利用活动。

第六条 大遗址利用应具备以下基础条件:

(一)文物保存现状良好,无重大安全隐患,能够保障人员安全和文物安全。

(二)有明确的大遗址专门管理机构,权责清晰,能够履行大遗址利用或监管职责。

(三)文物保护规划已经公布实施,或文物保护区划和管理规定已公布执行,保护、展示要求和策略明确。

(四)考古研究工作具有一定基础,已编制中长期考古研究工作计划;有固定的考古发掘资质单位承担考古工作,并与大遗址专门管理机构建立稳定的合作关系。

第七条　开展大遗址利用工作前,县级以上地方人民政府应完成以下工作:

(一)将大遗址及其周边区域纳入国土空间规划,梳理文物价值内涵和地区资源要素,明确大遗址所在区域的国土空间开发保护目标、主体功能分区、公共文化体系等,协调文物保护与国土空间管理的政策要求及指标体系,保障大遗址利用的可操作性和可持续性。

(二)确定大遗址利用的直接责任主体,及其与大遗址专门管理机构的关系,明确权责。

(三)组织专业机构科学评估大遗址利用的必要性和可行性,分析可能存在的文物影响和风险,提出对策建议。

(四)明确大遗址利用的空间范围、土地及其附着物的物权,合理确定土地使用方式、强度。需要获得土地所有权或使用权的,应依法履行相关审批程序。

(五)评估大遗址利用的资金需求,明确资金来源、使用要求和保障措施。

第八条　考古发掘资质单位应主动参与大遗址利用工作,研究和阐释文物价值,积极转化考古成果,向公众普及文化知识。

地方人民政府和大遗址利用的直接责任主体,应支持考古发掘资质单位开展大遗址考古工作,提供必要保障。鼓励地方人民政府与考古发掘资质单位合作建设大遗址考古工作站(或基地),提升考古研究、文物保护和保管条件。

第九条　承担大遗址利用的直接责任主体应制定利用策略,明确利用的对象、内容与方式,各方权责、管理运营要求、保障措施等,并向社会公布。

第十条　确定大遗址利用的对象、内容与方式时,应重点评估以下方面:

(一)大遗址的类型、文物价值、脆弱性。

(二)保存、保护、管理、考古研究和展示利用等现状。

(三)相关自然与人文资源,及其利用情况。

(四)地方社会经济发展水平、社会与公众需求、机构建设与政策执行能力、周边区域建设发展现状等。

第十一条　大遗址利用的对象包括但不限于以下类型:

(一)文物本体,包括能够反映文物格局、历史沿革、价值内涵的各类遗存。

(二)文物环境,包括文物周边景观,与文物价值内涵直接相关的自然和人工环境要素(如地形地势、水系、植被、村落等),文化、社会、经济等背景环境要素(如习俗、非物质文化遗产等),文物所承载的场所精神等。

(三)考古与科研成果,包括考古工作获得的各类信息,考古发掘简报、考古报告、学术论文等考古工作成果、研究成果,能够反映考古技术和方法、考古工作历程的文字记录、工具设备、绘图、影像、录音等资料。

（四）历史文化信息，包括能够反映文物所处特定历史时期、演变发展脉络和文化背景的碑刻、史籍、文学作品、艺术品、人物典故等。

（五）保护管理成果，包括能够反映文物保护理念、保护技术、保护工作进展的项目档案与各类文字、影像资料等。

第十二条　应梳理大遗址利用的对象，明确文物核心价值，构建价值阐释体系，在此基础上优先选择符合大遗址价值内涵、文物安全要求的利用内容与方式，突出不同类型大遗址的价值、禀赋和独特性，避免同质化。

第十三条　根据利用目的和文物影响程度，大遗址利用可分为大遗址价值利用、大遗址相容使用两类。大遗址利用应以价值利用方式为主：

（一）大遗址价值利用，是基于文物本体、文物环境、出土文物，以及价值内涵和相关信息资源等开展的利用活动。

（二）大遗址相容使用，是不以文物价值内涵传播为直接目的，但依托文物所在区域的土地、生态资源等开展的利用活动。

第十四条　大遗址价值利用方式包括但不限于以下类型：

（一）文物展示，包括现场展示、博物馆展示、在线展示等方式，鼓励具备条件的大遗址建设遗址博物馆、遗址公园、城市公园等。

（二）科学研究，包括深化文物价值认知的各类学术科研活动，以及为文物保护、展示阐释、传播教育、产业转化等提供学术指导。

（三）传播教育，包括互联网、出版物、电视、广播、电影、游戏和巡回展览等文化宣传活动；公众讲座、社区课堂、日常教学、学校第二课堂、演出与文化活动、知识培训等科普教育活动。

（四）产业转化，包括依托大遗址的价值内涵和相关信息资源开展文学艺术创作、文化创意、演出、出版、文化节、旅游、体育等相关产业转化的活动。

第十五条　大遗址相容使用方式包括但不限于以下类型：

（一）游憩休闲。将大遗址所处的空间环境开放为街心公园、公共绿地、小型广场、街道活动场地等，设置必要的展示服务设施，为公众提供具有历史氛围的公共活动场所。

（二）社会服务。在大遗址所在区域引入餐饮、园区游径、文化娱乐、体育运动等社会服务项目，采用特许经营等市场手段，为公众提供围绕大遗址价值内涵的公众文化服务。

（三）环境提升。在大遗址所在区域实施建筑整治、场地绿化和环境塑造等工作，改善和提升区域生态环境、人居环境。

（四）产业协调。围绕大遗址利用调整所在地现有产业结构，形成适合大遗址保护利用和地方经济社会发展的产业环境。在确保文物安全和文物价值的前提下，延续大遗址既有功能（如大运河的航运功能），反映大遗址历史演变和功能变迁；或发展生态农业、文化产业、旅游业、体育业等低能耗低强度的产业，与大遗址价值展示和文物环境改善相协调。

第十六条　大遗址利用的直接责任主体应开展以下工作：

（一）履行地方人民政府赋予的各项职能，建立与相关部门、专业机构和专家的协作关系。

（二）合理设置内部机构和职责分工，不断提升管理队伍素质、优化人员配置，加强经验交流、业务培训。

（三）制定大遗址维护监测、考古研究、信息管理，以及社会服务、文物和人员安全、财务、人力资源等方面的规章制度。

（四）承担文物日常养护和管理责任，开展监测巡查、安全防范、保养维护、信息管理等日常工作，落实具体负责人和责任要求。

（五）通过多种渠道筹集资金，确保资金合理使用和良性循环。

（六）制定、组织实施大遗址利用方案，监督项目执行，并根据评估与反馈意见调整方案，不断提升利用水平和服务质量。

（七）及时了解大遗址利用所涉及的各方诉求，可通过签订合同、协议等方式确保各方合法权益，保证一定比例的经营性收益用于大遗址日常管理和文物保护工作。

第十七条　采用价值利用方式时，直接责任主体应做好以下工作：

（一）重点阐释和展示大遗址的独特价值和历史文化信息，弘扬社会主义核心价值观，坚持积极健康的文化导向，提高公众审美水平。

（二）针对不同类型的游客提供多样化的文化产品，给予优质的参观体验。积极参与地方文化建设，提供遗产教育、文化活动、专业培训等公共文化服务，拓宽信息传播与公众参与渠道，积极与周边社区交流合作。

（三）通过组织公众考古、成立志愿者队伍、接受社会捐赠、进行产业转化等方式，积极拓宽社会力量参与大遗址利用的途径。鼓励建立公众信息平台，利用互联网等新媒体、新技术及时公布考古科研成果、管理情况和活动信息，主动接受公众监督和建议，促进当地居民、游客、专家学者、志愿者、企事业单位等参与大遗址利用活动。

（四）鼓励采用新技术提升管理水平，动态监测文物安全、环境状况、游客量等,建立适用于大遗址的实时监测平台或综合信息管理系统,监测数据及时建档保管。

第十八条 采用相容使用方式时,直接责任主体应做好以下工作:

(一)坚持最小干预原则,建设项目应按照文物保护规划科学选址,避让文物密集分布区域,严格控制建设规模,不得影响文物本体安全、文物价值和景观环境。

(二)景观绿化和环境整治项目应突出历史氛围和地域文化特色,避免大规模人工造景。

(三)结合地方生态保护、棚户区改造、村落更新、基础设施建设、农林产业升级、文旅融合等区域发展战略。

(四)监督大遗址利用活动,及时发现不当行为和安全隐患,督促落实整改措施。

第十九条 各级文物行政部门应定期开展专项督察和效果评估,及时发现大遗址利用工作中存在的问题,督促大遗址利用的直接责任主体落实整改措施,并报告所在地人民政府。

第二十条 出现下列情况时,应立即停止大遗址利用工作:

(一)出现重大文物险情,威胁文物安全和文物价值。

(二)发生安全事故等突发事件,威胁人员安全。

(三)利用方式和内容过度娱乐化、庸俗化,严重影响文物价值,并造成恶劣社会影响。

直接责任主体应抓紧查找原因、解决问题。省级文物行政部门应指导、督促直接责任主体履行职责,并按照第六条、第七条要求,重新评估大遗址利用的基础条件。具备利用条件的,可允许开展利用工作。不具备条件的,应提出明确意见,指导地方人民政府和大遗址利用的直接责任主体采取措施保证文物安全和利用效果。

参考文献

[1] 奈. 软实力[M]. 马娟娟, 译. 北京: 中信出版社, 2013.

[2] 波特. 国家竞争优势[M]. 李明轩, 邱如美, 译. 北京: 华夏出版社, 2002.

[3] 《党的十九大报告辅导读本》编写组. 党的十九大报告辅导读本[M]. 北京: 人民出版社, 2017.

[4] 雅克. 当中国统治世界: 中国的崛起和西方世界的衰落[M]. 张莉, 刘曲, 译. 北京: 中信出版社, 2010.

[5] 联合国教科文组织. 世界文化报告（2000）: 文化的多样性、冲突与多元共存[M]. 关世杰, 等, 译. 北京: 北京大学出版社, 2002.

[6] 布尔迪厄. 实践感[M]. 蒋梓骅, 译. 南京: 译林出版社, 2012.

[7] 习近平. 习近平谈治国理政[M]. 北京: 外文出版社, 2014.

[8] 鲍德里亚. 消费社会[M]. 刘成富, 全志钢, 译. 南京: 南京大学出版社, 2014.

[9] 中共中央文献研究室. 习近平总书记重要讲话文章选编[M]. 北京: 党建读物出版社, 2016.

[10] 习近平. 在纪念孔子诞辰2565周年国际学术研讨会暨国际儒学联合会第五届会员大会开幕会上的讲话[N]. 人民日报, 2014-09-25（02）. [2020-10-1]http: //politics.people.com.cn/n/2014/0925/c1024-25729181.html.

[11] 中共中央宣传部. 习近平新时代中国特色社会主义思想三十讲[M]. 北京: 学习出版社, 2018.

[12] 习近平. 建设社会主义文化强国, 着力提高国家文化软实力[N]. 人民日报, 2014-01-01(02). [2020-10-1]http://cpc.people.com.cn/n/2014/0101/c64094-23995307.html

[13] 亨廷顿. 文明的冲突与世界秩序的重建[M]. 周琪, 等, 译. 北京: 新华出版社, 1998.

[14] 范周. 中国城市文化竞争力研究报告[M]. 北京: 知识产权出版社, 2018.

[15] 杜金鹏. 文化遗产科学研究[M]. 北京: 科学出版社, 2020.

[16] 单霁翔. 文化遗产保护与城市文化建设[M]. 北京: 中国建筑工业出版社, 2009.

[17] 林志宏. 世界文化遗产与城市[M]. 上海: 同济大学出版社, 2012.

[18] 国家文物局. 国际文化遗产保护文件选编[M]. 北京: 文物出版社, 2007.

[19] 麻国庆, 朱伟. 文化人类学与非物质文化遗产[M]. 上海: 生活·读书·新知三联书店, 2019.

[20] 满珂. 非物质文化遗产: 变迁·传承·发展[M]. 北京: 科学出版社, 2019.

[21] 丘富科. 中国文化遗产词典[M]. 北京: 文物出版社, 2009.

[22] 宋才发. 中华民族文化遗产及鉴赏研究[M]. 北京: 民族出版社, 2011.

[23] 吉尔曼. 文化遗产的观念[M]. 唐璐璐, 向勇, 译. 大连: 东北财经大学出版社, 2018.

[24] 杨红. 非物质文化遗产: 从传承到传播[M]. 北京: 清华大学出版社, 2019.

[25] 顾江. 文化遗产经济学[M]. 南京: 南京大学出版社, 2009.

[26] 易小力. 文化遗产与旅游规划[M]. 北京: 北京大学出版社, 2014.

[27] 王云霞. 文化遗产法学框架与使命[M]. 北京: 中国环境科学出版社, 2013.

[28] 贾鸿雁, 张天来. 中华文化遗产概览[M]. 南京: 东南大学出版社, 2015.

[29] 梁学成. 西部文化遗产类旅游资源开发与保护研究[M]. 北京: 科学出版社, 2020.

[30] 陈耀华. 中国自然文化遗产的价值体系及其保护利用[M]. 北京: 北京大学出版社, 2014.

[31] 权东计. 大遗址保护与遗址文化产业发展[M]. 西安: 陕西人民出版社, 2007.

[32] 刘世锦. 中国文化遗产事业发展报告[M]. 北京: 社会科学文献出版社, 2008.

[33] 麦克切尔, 迪克罗斯. 文化旅游与文化遗产管理[M]. 朱路平, 译. 天津: 南开大学出版社, 2006.

[34] 张朝枝. 旅游与遗产保护[M]. 北京: 中国旅游出版社, 2006.

[35] 胡长书, 张侃. 中国世界遗产[M]. 广州: 华南理工大学出版社, 2004.

[36] 格兰西. 建筑的故事[M]. 罗德胤, 张澜, 译. 上海: 生活·读书·新知三联书店, 2003.

[37] 陆地. 修复理论[M]. 上海: 同济大学出版社, 2016.

[38] 陆地. 建筑遗产保护、修复与康复性再生导论[M]. 武汉: 武汉大学出版社, 2019.

[39] 单霁翔. 从"文物保护"走向"文化遗产保护"[M]. 天津: 天津大学出版社, 2008.

[40] 冯骥才. 漩涡里: 1990—2013我的文化遗产保护史[M]. 北京: 人民出版社, 2019.

[41] 尤基莱托. 建筑保护师[M]. 郭旃, 译. 北京: 中华书局, 2011.

[42] 鲍展斌. 文化遗产哲思[M]. 杭州: 浙江大学出版社, 2008.

[43] 万斌. 历史哲学论纲[M]. 杭州: 浙江大学出版社, 1992.

[44] 中国艺术人类学学会. 文化自觉与艺术人类学研究[M]. 北京: 中国文联出版社, 2015.

[45] 王艳平. 遗产旅游管理[M]. 武汉: 武汉大学出版社, 2008.

[46] 芒福德. 城市文化[M]. 宋俊岭, 李翔宁, 周鸣浩, 译. 北京: 中国建筑工业出版社, 2008.

[47] 克朗. 文化地理学[M]. 杨淑华, 宋慧敏, 译. 南京: 南京大学出版社, 2003.

[48] 国家文物局. 世界遗产与可持续发展[M]. 北京: 文物出版社, 2012.

[49] 徐新建. 文化遗产研究[M]. 成都: 巴蜀书社, 2013.

[50] 蔡靖泉. 文化遗产学[M]. 武汉: 华中师范大学出版社, 2011.

[51] 乔华, 杨慧玲. 远古的呼唤: 宁夏岩画研究历程[M]. 银川: 宁夏人民出版社, 2010.

[52] 刘红婴. 世界遗产精神[M]. 北京: 华夏出版社, 2006.

[53] 孙克勤. 世界文化与自然遗产概论[M]. 武汉: 中国地质大学出版社, 2005.

[54] 刘红婴, 王健民. 世界遗产概论[M]. 北京: 中国旅游出版社, 2003.

[55] 欧文. 西方古建古迹保护理念与实践[M]. 秦丽, 译. 北京: 中国电力出版社, 2005.

[56] 吴铮争. 国际文化遗产保护理念在中国的适用性研究[M]. 北京: 科学出版社, 2013.

[57] 史勇. 中国近代文物事业简史[M]. 兰州: 甘肃人民出版社, 2009.

[58] 周耀林. 可移动文化遗产保护策略[M]. 北京: 北京图书馆出版社, 2006.

[59] 顾军, 苑利. 文化遗产报告[M]. 北京: 社会科学文献出版社, 2005.

[60] 张晓明, 徐崇龄, 章建刚. 文化遗产的保护与经营[M]. 北京: 社会科学文献出版社, 2003.

[61] 吴诗池. 文物学概论[M]. 上海: 上海文艺出版社, 2002.

[62] 张仲谋. 非物质文化遗产传承研究[M]. 北京: 文化艺术出版社, 2010.

[63] 陶伟. 中国"世界遗产"的可持续旅游发展研究[M]. 北京: 中国旅游出版社, 2001.

[64] 李春华. 文化生产力与人类文明的跃迁[M]. 北京: 中国社会科学出版社, 2016.

[65] 孙麾. 马克思的文化观与当代中国文化建设[M]. 北京: 中国社会科学出版社, 2015.

[66] 汪欣. 中国非物质文化遗产保护十年[M]. 北京: 知识产权出版社, 2015.

[67] 苑利. 非物质文化遗产学[M]. 北京: 高等教育出版社, 2009.

[68] 杨正文. 非物质文化遗产保护"东亚经验"[M]. 北京: 民族出版社, 2012.

[69] 黄永林. 从资源到产业的文化创意[M]. 武汉: 华中师范大学出版社, 2012.

[70] 于海广. 中国文化遗产保护概论[M]. 济南: 山东大学出版社, 2008.

[71] 彭兆荣. 人类学仪式的理论与实践[M]. 北京: 民族出版社, 2007.

[72] 司马云杰. 文化社会学[M]. 北京: 中国社会科学出版社, 2001.

[73] 吕济民. 中国传世文物收藏鉴赏全书[M]. 北京: 线装书局, 2006.

[74] 苑利, 顾军. 中国民俗学教程[M]. 北京: 光明日报出版社, 2003.

[75] 钟敬文. 民俗学概论[M]. 上海: 上海文艺出版社, 1998.

[76] 滕守尧. 文化的边缘[M]. 南京: 南京出版社, 2006.

[77] 祁庆富. 民族文化遗产[M]. 北京: 民族出版社, 2004.

[78] 向世陵. 中国哲学智慧[M]. 北京: 中国人民大学出版社, 2000.

[79] 李亦园. 人类的视野[M]. 上海: 上海文艺出版社, 1996.

[80] 郭少琼. 欧洲的世界文化遗产[M]. 广州: 暨南大学出版社, 2012.

[81] 徐嵩龄. 第三国策: 论中国文化与自然遗产保护[M]. 北京: 科学出版社, 2005.

[82] 苏恺之. 我的父亲苏秉琦: 一个考古学家和他的时代[M]. 北京: 生活·读书·新知三联书店, 2015.

[83] 苏秉琦. 考古寻根记[M]. 北京: 北京出版社, 2019.

[84] 中国大百科全书总编辑委员会《考古学》编辑委员. 中国大百科全书·考古学[M]. 北京: 中国大百科全书出版社, 1986.

[85] 习近平. 习近平谈治国理政[M]. 北京: 外文出版社, 2014.

[86] 路芳, 刘剑敏. 国际遗产研究方法综述[J]. 贵州社会科学, 2012（1）: 18-26.

[87] 刘歆, 吕博学. 遗产保护视角下工业遗产的调查研究方法探究[C]//2019年中国建筑学会建筑史学分会年会暨学术研讨会论文集（下）. 北京: 中国建筑工业出版社, 2019: 71-74.

[88] 边媛. 论非物质文化遗产保护中的主客位方法[J]. 江西社会科学, 2020, 40（7）: 239-245.

[89] 刘志军. 非物质文化遗产保护中的大众参与: 以主客位视角为中心的探讨[J]. 文化艺术研究, 2009, 2（2）: 7-13.

[90] 邱见均. 田野调查法浅析[J]. 群文天地, 2012(18):241.

[91] 黄体杨. 非物质文化遗产传承人建档保护: 文本分析与田野调查[J]. 档案学研究, 2018（3）: 61-67.

[92] 贾兵强. 基于文化遗产文本分析的大运河河南段研究态势[J]. 华北水利水电大学学报（社会科学版）, 2019, 35（2）: 1-5.

[93] 杨源. 来自田野的报告: 民族田野调查与非物质文化遗产保护[J]. 中国博物馆, 2006（4）: 3-12.

[94] 沈琪蕊. 少数民族非物质文化遗产在大众媒体传播中的个案研究: 以土家女儿会为例[J]. 佳木斯教育学院学报, 2014（6）: 477-478.

[95] 芦荣. 国内外工业遗产研究对比分析[J]. 黄冈师范学院学报, 2016, 36（2）: 34-37.

[96] 张瑛, 史凯静, 刘建峰. 基于网络游记的大运河文化遗产游客感知研究[J]. 地域研究与开发, 2020（4）: 79-85.

[97] 施金凤, 胡婷, 张爱平. 基于主客视角的节事活动对非物质文化遗产认知与形象影

响差异研究[J]. 绿色科技, 2020（5）: 173-176, 181.

[98] 刘艳, 段清波. 长城世界文化遗产保护研究[J]. 中国国情国力, 2016（10）: 42-44.

[99] 王伟, 杨豪中, 李岚, 等. 文化遗产保护视野下的新农村建设[J]. 西北大学学报（自然科学版）, 2015, 45（4）: 636-640.

[100] 杨正文. 文化遗产保护的关联话语意义解析[J]. 西南民族大学学报（人文社会科学版）, 2014, 35（7）: 1-6, 243.

[101] 汤晔峥. 中国城市文化遗产保护的路径辨析与启示[J]. 城市规划, 2013（11）: 39-46.

[102] 李玉雪. 可持续发展视角下文化遗产保护的法治进路思考: 以我国"世界文化遗产"保护为重心的分析[J]. 社会科学研究, 2013（6）: 1-8.

[103] 吕宁. 试论文化遗产保护中"人"的因素[J]. 中原文物, 2013（1）: 91-95.

[104] 王高峰. 基于管理学角度的文化遗产保护研究[J]. 东南文化, 2012（5）: 18-24.

[105] 吴兴帜. 文化遗产保护的生态学视角[J]. 西南民族大学学报（人文社会科学版）, 2012, 33（1）: 30-34.

[106] 王运良. 中国"文化遗产学"研究文献综述[J]. 东南文化, 2011（5）: 23-29.

[107] 周乾松. 历史村镇文化遗产保护利用研究[J]. 理论探索, 2011（4）: 86-90.

[108] 田阡, 杨红巧. 文化多样性与文化遗产保护的历史演化及其反思[J]. 民族艺术, 2011（1）: 40-45, 93.

[109] 张朝枝, 郑艳芬. 文化遗产保护与利用关系的国际规则演变[J]. 旅游学刊, 2011, 26（1）: 81-88.

[110] 陆建松. 中国文化遗产保护管理的政策思考[J]. 东南文化, 2010（4）: 22-29.

[111] 傅才武, 陈庚. 当代中国文化遗产的保护与开发模式[J]. 湖北大学学报（哲学社会科学版）, 2010, 37（4）: 93-98.

[112] 梁正海. 中国文化遗产保护理论与实践研究述评[J]. 贵州师范大学学报（社会科学版）, 2009（6）: 55-61.

[113] 徐海龙. 文化遗产管理开发的几种模型[J]. 生产力研究, 2009（21）: 118-120.

[114] 吕舟. 中国文化遗产保护三十年[J]. 建筑学报, 2008（12）: 1-5.

[115] 易小力. 中国的世界文化遗产与旅游研究进展综述[J]. 西北第二民族学院学报（哲学社会科学版）, 2008（3）: 126-130.

[116] 李文华, 闵庆文, 孙业红. 自然与文化遗产保护中几个问题的探讨[J]. 地理研究, 2006（04）: 561-569.

[117] 陈述彭, 黄翀. 文化遗产保护与开发的思考[J]. 地理研究, 2005（04）: 489-498.

[118] 陈淳, 顾伊. 文化遗产保护的国际视野[J]. 复旦学报（社会科学版）, 2003（4）:

122-129.

[119] 王舜, 程美超. 传统体育非物质文化遗产的传承与创新发展研究: 基于习近平总书记关于文化遗产深刻论述的分析[J]. 体育与科学, 2020, 41（4）: 1-6, 37.

[120] 吴晓静. 遗产思辨研究视阈下的非物质文化遗产传承[J]. 东南学术, 2020（2）: 119-124.

[121] 郭文, 王丽. 文化遗产旅游地的空间生产与认同研究: 以无锡惠山古镇为例[J]. 地理科学, 2015, 35（6）: 708-716.

[122] 周大鸣, 石伟. 遗产旅游与乡土社会: 关于灵渠文化遗产的旅游人类学研究[J]. 广西民族大学学报（哲学社会科学版）, 2011, 33（2）: 72-78.

[123] 吴效群. 对近年我国非物质文化遗产研究几个重要问题的看法[J]. 文化遗产, 2011（1）: 17-22, 157.

[124] 王金伟, 韩宾娜. 线性文化遗产旅游发展潜力评价及实证研究[J]. 云南师范大学学报（哲学社会科学版）, 2008（5）: 120-126.

[125] 喻学才, 王健民. 关于世界文化遗产定义的局限性研究[J]. 云南师范大学学报（哲学社会科学版）, 2007（4）: 79-82.

[126] 陈峰云, 范玉仙, 朱文晶, 等. 世界文化遗产旅游开发与保护研究: 以平遥古城为例[J]. 华中师范大学学报（自然科学版）, 2007（1）: 157-160.

[127] 杨丽霞, 喻学才. 中国文化遗产保护利用研究综述[J]. 旅游学刊, 2004（4）: 85-91.

[128] 鲍展斌, 李包庚. 习近平文化遗产观及其时代价值[J]. 马克思主义研究, 2019（8）: 65-74.

[129] 程焕文, 曾文. 国际图联的文化遗产保护理念与保护策略研究[J]. 图书馆建设, 2019（1）: 47-54.

[130] 李模. 国外文化遗产教育及其对我国的启示[J]. 教育理论与实践, 2015, 35（24）: 16-17.

[131] 贺云翱. "新常态"下对中国文化遗产事业的地位认知[J]. 中国文化遗产, 2015（1）: 4-11.

[132] 刘玉珠. 努力探索符合国情的文物保护利用之路: 学习贯彻习近平总书记关于文物工作的重要论述[J]. 求是, 2016（18）: 47-49.

[133] 刘艳, 段清波. 文化遗产价值体系研究[J]. 西北大学学报（哲学社会科学版）, 2016（1）: 23-27.

[134] 段清波. 论文化遗产的核心价值[J]. 中原文化研究, 2018, 6（1）: 102-110.

[135] 贺云翱. 文化遗产的认知路径和实践价值[N]. 中国科学报, 2013-11-25（07）.

[136] 段清波. 考古学要发掘遗产的文化价值[N]. 光明日报, 2015-07-22（10）.